CW01667202

Cher Nils,

Loin des yeux mais toujours près du coeur.
Je te souhaite un super anniversaire au chaud (pour une fois). J'espère que ce livre pourra t'inspirer dans tes recettes et idées de burgers.

De plus, tu trouveras dans ce paquet pleins de gourmandises. Je sais que tu raffoles des cornichons, alors essaies celui là, car c'est de loin le meilleur que j'ai mangé. En plus il est assez marrant à ouvrir et sortir (utilise le petit gli-gli vert pour t'aider).
Les barres énergisantes te donneront la motivation avant tes régates et les autres sucreries c'est juste pour le plaisir.

Fête bien tes 23 ans!

A bientôt, ta soeur, Lana

xxx

♡

BURGERS

LES RECETTES DU
CAMION QUI FUME

Conception graphique : Marina Delranc
Mise en pages et couverture : Sylvain Kaslin
Photographies et photogravure : David Bonnier/Studio B
Stylisme : Jessie Kanelos-Weiner
Auteur du texte d'introduction : Muriel Neveux
Fabrication : Stéphanie Parlange et Cédric Delsart
Secrétariat d'édition : Sophie Greloux

ISBN : 978-2-84567-790-6
Dépôt légal : octobre 2012
Achevé d'imprimer septembre 2012

www.tana.fr

BURGERS
LES RECETTES DU CAMION QUI FUME

Kristin Frederick

Photographies : David Bonnier

Tana éditions

SOMMAIRE

DE LOS ANGELES À PARIS

DE LOS ANGELES À PARIS

Avec *Le Camion qui fume*, la chef américaine Kristin Frederick a créé l'événement. Alliant restauration mobile et cuisine de qualité, son gourmet *food truck* est le premier du genre en France. Depuis son lancement à Paris en novembre 2011, le succès de l'établissement se confirme de jour en jour. Les chiffres parlent d'eux-mêmes : cent cinquante burgers par service au minimum, deux heures de queue parfois, quinze mille fans sur Facebook, dix mille followers sur Twitter, oui, *Le Camion qui fume* a la cote ! Quoi d'étonnant à cela ? En s'inspirant des meilleurs vendeurs de *street food* du monde, les burgers sont ici préparés avec amour, dans le respect de la tradition et à partir d'ingrédients de choix.

L'amour de la cuisine, une histoire de famille

Kristin n'a pas atterri dans le monde culinaire par hasard. Ses parents ont travaillé leur vie durant dans la restauration. Fins gourmets, ils l'emmènent alors qu'elle est toute jeune dans les restaurants les plus réputés de Los Angeles. Kristin acquiert ainsi à leurs côtés le goût des bonnes choses et s'initie dès son plus jeune âge aux cuisines étrangères. Passionnée par la gastronomie, elle souhaite naturellement poursuivre dans la voie tracée par ses parents, mais sa mère veut l'en dissuader : « La cuisine, c'est éreintant ! Fais des études, choisis une autre branche ! » Kristin se laisse convaincre et opte pour la finance, sans renoncer toutefois à

PASSIONNÉE PAR LA GASTRONOMIE, ELLE SOUHAITE NATURELLEMENT POURSUIVRE DANS LA VOIE TRACÉE PAR SES PARENTS, MAIS SA MÈRE VEUT L'EN DISSUADER : « LA CUISINE, C'EST ÉREINTANT »

DEFENSE DE FUMER

sa passion : pendant toute la durée de ses études, elle travaille dans des chaînes de restauration rapide et des petits restaurants. Puis, c'est le revirement, ou le renouement, plutôt, avec ses amours de jeunesse. Kristin abandonne la finance et décide de s'inscrire dans une école de cuisine.

QUELLE FORMATION SUIVRE ? LA JEUNE CALIFORNIENNE A UNE EXIGENCE : L'ÉCOLE DOIT S'ADRESSER À DE FUTURS PROFESSIONNELS, NON À DES AMATEURS, ELLE DOIT JOUIR D'UNE EXCELLENTE RÉPUTATION ET ÊTRE RECONNUE AU NIVEAU INTERNATIONAL.

À l'école Ferrandi

Quelle formation suivre ? La jeune Californienne a une exigence : l'école doit s'adresser à de futurs professionnels, non à des amateurs, elle doit jouir d'une excellente réputation et être reconnue au niveau international. Kristin hésite un temps entre une école japonaise et la grande école Ferrandi, basée à Paris dans le VIe arrondissement. Étant plus au fait de la culture et de la gastronomie françaises, son choix finit par se porter sur Ferrandi. En janvier 2009, elle quitte donc sa Californie natale et s'envole vers Paris. Sa formation s'avère aussi épuisante qu'enrichissante. Entourée d'étudiants venus des quatre coins du monde – elle a choisi le programme international –, la jeune femme alterne les cours pratiques et théoriques, cours de français, d'histoire de France, de pâtisserie, d'œnologie, visites à Rungis, à des boulangers, des fromagers… La formation est complète mais si difficile que la moitié des étudiants abandonnent en cours de route. Elle est sanctionnée par un examen redoutable : à partir d'ingrédients imposés, il faut créer une entrée, un plat, un dessert, le tout en un temps record. Ce cap franchi, il faut ensuite effectuer un stage. Kristin décide d'entrer chez Apicius, le restaurant deux étoiles dirigé par Jean-Pierre Vigato, établi rue d'Artois près des Champs-Élysées.

KRISTIN ARRIVE DANS CET ÉTABLISSEMENT DE PRESTIGE AVEC DES HANDICAPS CERTAINS : C'EST UNE FEMME, ELLE A LA TRENTAINE, ELLE EST AMÉRICAINE, ELLE PARLE ENCORE MAL LE FRANÇAIS.

Aux fourneaux dans les restaurants étoilés

Kristin arrive dans cet établissement de prestige avec des handicaps certains : c'est une femme, elle a la trentaine, elle est américaine, elle parle encore mal le français. En outre, elle n'est pas habituée à l'organisation stricte et à la hiérarchie militaire qui sont la règle dans les grands restaurants. Par chance, elle travaille sous les ordres d'un homme patient et compréhensif, aux côtés duquel elle reste pendant trois mois au poste de poissonnier. Kristin obéit à la lettre aux ordres de son chef de partie, qui l'initie à la préparation des soles, bars, homards et turbots. La cuisine du poisson n'a bientôt plus de secret pour elle. Preuve de sa maîtrise : son chef finit par la laisser cuisiner elle-même les saint-jacques et lui propose de changer de brigade au bout de trois mois. Après six mois de stage, la chef en herbe devient diplômée de l'école Ferrandi. Entre-temps, elle a rencontré son futur mari, à Paris. Décidément, tout sourit à Kristin en cette année 2009. La jeune Californienne retourne aux États-Unis, où elle se fait engager dans un restaurant étoilé à Los Angeles, dirigé par un chef français, repart en France au bout de trois mois pour se marier, avant de s'envoler pour les États-Unis suite à la proposition d'embauche du restaurant deux étoiles *Spago,* à Beverly Hills. Dans cette grande maison internationale, on ne sert pas moins de trois cents couverts par jour. Alors, en cuisine, on n'arrête pas, on s'agite, mais, malgré le rythme effréné, l'ambiance est détendue. Le chef est un original plein d'humour, sympathique et respectueux de ses cuisiniers. À son service, Kristin démarre comme commis au poste de rôtisseur, où la chaleur est éprouvante, puis passe à celui de saucier. Une expérience intense, passionnante, à la suite de laquelle elle part rejoindre son mari à Paris.

Back to Paris

Le deuxième séjour parisien débute sur une fausse note. Une connaissance de Kristin l'embauche dans son restaurant au poste de second, ce qui déplaît au chef, qui aurait préféré choisir lui-même son partenaire. Kristin est congédiée au bout de une semaine. Elle accuse le coup et envisage même d'abandonner le métier. Après une période de doute et de remise en question, elle revient sur sa décision, mais veut désormais aborder la cuisine sous un autre angle, celui non pas de la gastronomie mais de la gestion.

Elle prend alors un poste de chef dans un petit restaurant servant des spécialités mexicaines. Ici, c'est à elle que revient le management de l'établissement : elle élabore les menus, s'occupe des stocks et des courses, contrôle la salle.

APRÈS SIX MOIS DE STAGE, LA CHEF EN HERBE DEVIENT DIPLÔMÉE DE L'ÉCOLE FERRANDI.

APRÈS UNE PÉRIODE DE DOUTE ET DE REMISE EN QUESTION, ELLE REVIENT SUR SA DÉCISION, MAIS VEUT DÉSORMAIS ABORDER LA CUISINE SOUS UN AUTRE ANGLE, CELUI NON PAS DE LA GASTRONOMIE MAIS DE LA GESTION.

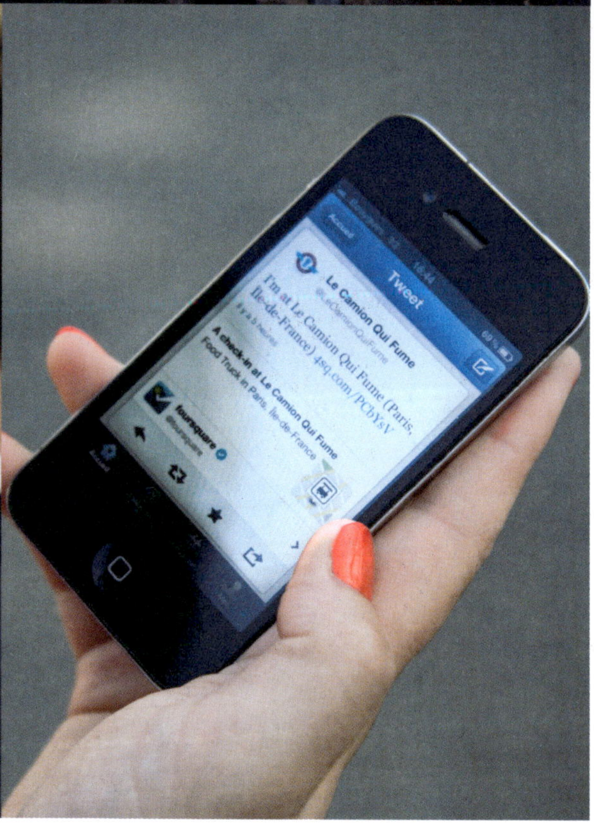
Tweet
Le Camion Qui Fume
I'm at Le Camion Qui Fume (Paris, Île-de-France) 4sq.com/PCbYsV
A check-in at Le Camion Qui Fume
Food Truck in Paris, Île-de-France
foursquare

L'établissement ne lui appartient pas, mais c'est comme si. Ses responsabilités sont énormes, et sa charge de travail l'est tout autant – elle travaille environ soixante heures par semaine.

KRISTIN DÉCIDE DE MONTER SA PROPRE AFFAIRE. OUI, MAIS QUELLE AFFAIRE ? UN RESTAURANT CLASSIQUE, PETIT OU GRAND ? L'IDÉE NE L'ENCHANTE GUÈRE… C'EST ALORS QUE SA MÈRE LUI SUGGÈRE D'OUVRIR UN *FOOD TRUCK*.

Et pourquoi pas un *food truck* ?

Après six mois de ce régime intense, et forte de son expérience à un poste de direction, Kristin décide de monter sa propre affaire. Oui, mais quelle affaire ? Un restaurant classique, petit ou grand ? L'idée ne l'enchante guère… C'est alors que sa mère lui suggère d'ouvrir un *food truck*. Ces camions ambulants, dirigés par des chefs qui offrent une cuisine créative et gastronomique à moindre coût, font fureur aux États-Unis depuis la crise. Pourquoi le concept ne prendrait-il pas en France ?

JAMAIS LES FRANÇAIS N'ACCEPTERONT DE MANGER DEBOUT DANS LA RUE, AVEC LEURS DOIGTS ! AUX FRANÇAIS, IL FAUT UN LIEU FERMÉ, BIEN À L'ABRI DES INTEMPÉRIES, DE QUOI S'ASSEOIR, UNE FOURCHETTE ET UN COUTEAU, LE FRANÇAIS AYANT UN SENS AIGU DU CONFORT !

Kristin, qui a la bougeotte, trouve l'idée fabuleuse, mais, à Paris, son entourage la met en garde. Jamais les Français n'accepteront de manger debout dans la rue, avec leurs doigts ! Aux Français, il faut un lieu fermé, bien à l'abri des intempéries, de quoi s'asseoir, une fourchette et un couteau, le Français ayant un sens aigu du confort ! Quant aux autorités, jamais elles ne lui accorderont la permission d'ouvrir un restaurant mobile en plein Paris. La preuve : ça n'existe pas. Kristin reste sourde à ces commentaires frileux et est confortée dans l'idée par son mari que les Parisiens sont prêts. Elle a entendu parler des friteries dans le Nord, des camions-pizza dans le Sud, elle a vu les Parisiens (l'été, il est vrai) pique-niquer au bord du canal Saint-Martin et sur les quais de Seine, assis sur d'inconfortables pavés. Elle entame donc ses premières démarches, et part derechef se renseigner auprès des administrations. De ce côté-là, ça coince un peu, c'est long, laborieux, vraiment décourageant. Les différents services se renvoient sans cesse la balle – « renseignez-vous auprès d'untel », « il faut écrire ici », « appelez plutôt là » – quand, enfin, un bon génie daigne lui expliquer qu'avant toute chose, Kristin doit posséder une licence de commerce ambulant. C'était donc ça ? Nouvelles démarches. Qui aboutissent. L'aventure peut enfin commencer.

À PARIS, IL N'EXISTE AUCUN RESTAURANT AMÉRICAIN DIGNE DE CE NOM, IL EST DONC TEMPS DE PALLIER CETTE LACUNE, EN FAISANT CONNAÎTRE AUX FRANÇAIS LA CUISINE MADE IN USA ET EN LEUR MONTRANT QUE LE HAMBURGER N'A PAS FATALEMENT À VOIR AVEC LA *JUNK FOOD*.

Le Camion qui fume – Prologue

Kristin a beau adorer la gastronomie française, elle compte proposer à la vente des burgers. Mais pas n'importe lesquels : de vrais burgers, authentiques, traditionnels, faits maison. À Paris, il n'existe aucun restaurant américain digne de ce nom, il est donc temps de pallier cette lacune, en faisant connaître aux Français la cuisine made in USA et en leur montrant que le hamburger n'a pas fatalement à voir avec la *junk food*. Et puis c'est un plat que la chef trouve délicieux et qui lui rappelle son enfance. Il est par ailleurs facile à préparer, donc parfaitement adapté à une petite cuisine ambulante, et il a ceci d'agréable à faire qu'il se prête à toutes les fantaisies. En témoignent les mets qu'elle prévoit, tous plus créatifs les uns que les autres. Ainsi le Campagne, à base de champignons sauvages, d'oignons caramélisés et de gruyère d'alpage ; le Barbecue, avec bacon, beignet d'oignons et sauce BBQ ; le Bleu, à la fourme d'Ambert et à la sauce au porto ; le Porc braisé, à base de viande mijotée dans la bière, relevé de sauce BBQ et accompagné de coleslaw aux oignons rouges.

Le choix du burger fait et la carte en tête, Kristin s'attelle à trouver les bons fournisseurs. Côté bouchers, c'est la déception. Des trois ou quatre avec qui elle essaie de négocier, aucun ne consent à lui livrer 50 kilos de bœuf haché par semaine (il lui en faut maintenant 50 kilos par jour !). L'idée ne les intéresse pas, et ils jugent les quantités demandées trop importantes. Cela étant, Kristin a goûté leur viande hachée : elle se révèle bien trop sèche pour un burger. Elle teste alors différents morceaux de bœuf, y

KRISTIN S'ATTELLE À TROUVER LES BONS FOURNISSEURS. CÔTÉ BOUCHERS, C'EST LA DÉCEPTION. DES TROIS OU QUATRE AVEC QUI ELLE ESSAIE DE NÉGOCIER, AUCUN NE CONSENT À LUI LIVRER 50 KILOS DE BŒUF HACHÉ PAR SEMAINE (IL LUI EN FAUT MAINTENANT 50 KILOS PAR JOUR !).

compris les moins nobles, élabore des mélanges et finit par trouver la préparation idéale, gage d'une viande goûteuse, fondante et moelleuse à souhait. La viande sera donc hachée maison. Et si vous voulez retrouver la texture des burgers de Kristin, n'hésitez pas à demander à votre boucher qu'il vous hache de la basse côte. Pour les fromages, c'est plus facile. Kristin n'a aucun mal à dégoter un bon cheddar tout droit venu d'Angleterre, et pas sous plastique, et un gruyère âgé savoureux, d'origine suisse, AOC évidemment, certes très onéreux mais parfaitement accordé aux champignons. Quant au pain, Kristin voudrait se fournir auprès de Gontran Cherrier. Mais quand elle lui demande 400 pains par semaine, le boulanger rechigne. C'est trop, là encore ! Ses confrères ne se montrent pas plus enthousiastes. La chef a un peu de mal à comprendre ce manque d'allant de la part des artisans français. Aux États-Unis, on s'empresserait de répondre favorablement à sa demande, voire de lui proposer davantage.

ELLE TESTE ALORS DIFFÉRENTS MORCEAUX DE BŒUF, Y COMPRIS LES MOINS NOBLES, ÉLABORE DES MÉLANGES ET FINIT PAR TROUVER LA PRÉPARATION IDÉALE, GAGE D'UNE VIANDE GOÛTEUSE, FONDANTE ET MOELLEUSE À SOUHAIT. LA VIANDE SERA DONC HACHÉE MAISON.

Qu'à cela ne tienne. Justement, une Américaine réputée pour ses cheesecakes l'accepte comme cliente. Elle livre désormais à sa compatriote 500 pains par jour.

Le Camion qui fume – Première époque

Alors que Kristin se débat avec les fournisseurs, Frédéric, son mari informaticien, s'occupe de la communication. Facebook, Twitter : *Le Camion qui fume* se fait connaître sur les réseaux sociaux longtemps avant son ouverture, si bien que le 29 novembre 2011, date de l'inauguration, les clients sont là, impatients de déguster ce burger tant attendu

FACEBOOK, TWITTER : *LE CAMION QUI FUME* SE FAIT CONNAÎTRE SUR LES RÉSEAUX SOCIAUX LONGTEMPS AVANT SON OUVERTURE, SI BIEN QUE LE 29 NOVEMBRE 2011, DATE DE L'INAUGURATION, LES CLIENTS SONT LÀ, IMPATIENTS DE DÉGUSTER CE BURGER TANT ATTENDU CUISINÉ PAR UNE CHEF PASSIONNÉE PAR SON MÉTIER.

Fromager d'Honneur 2011
FROMAGERIE RIGATTIERI
Compagnons Fromagers
CHARCUTERIE

LA FERMETTE

La Fermette

CAMEMBERTS

cuisiné par une chef passionnée par son métier. Le succès est immédiat. On savoure, on s'étonne, on découvre l'Amérique. « C'est vraiment ça, un hamburger ?! » Le bouche-à-oreille fonctionne à plein. Les clients ne tarissent pas d'éloges au sujet du Barbecue, le chouchou, et des frites maison, fines, rissolées à point. Les familles avec enfants, les jeunes Parisiens, branchés ou pas, les expatriés américains, un monde nombreux et bigarré suit le camion à la trace. La formule, inédite, a de quoi séduire même les plus paresseux, assurés qu'un jour, le camion s'arrêtera sous leurs fenêtres. La presse s'enflamme. Dès la deuxième semaine, les articles dithyrambiques fleurissent. Pour Kristin, c'est la stupéfaction : « Je savais que ma cuisine était de qualité, que mes burgers étaient uniques en France, mais comment aurais-je pu prévoir un tel engouement ? J'étais plus qu'étonnée, j'étais sur un nuage, totalement dépassée ! Qui peut imaginer un tel succès avec un produit si simple ? »

LE SUCCÈS EST IMMÉDIAT. ON SAVOURE, ON S'ÉTONNE, ON DÉCOUVRE L'AMÉRIQUE. « C'EST VRAIMENT ÇA, UN HAMBURGER ?! » LE BOUCHE-À-OREILLE FONCTIONNE À PLEIN. LES CLIENTS NE TARISSENT PAS D'ÉLOGES AU SUJET DU BARBECUE, LE CHOUCHOU, ET DES FRITES MAISON, FINES, RISSOLÉES À POINT.

« MES BURGERS ÉTAIENT UNIQUES EN FRANCE, MAIS COMMENT AURAIS-JE PU PRÉVOIR UN TEL ENGOUEMENT ? J'ÉTAIS PLUS QU'ÉTONNÉE, J'ÉTAIS SUR UN NUAGE, TOTALEMENT DÉPASSÉE ! QUI PEUT IMAGINER UN TEL SUCCÈS AVEC UN PRODUIT SI SIMPLE ? »

Bien sûr, ce succès a son revers. Kristin et Frédéric dorment à peine quatre heures par nuit. La journée type au début de l'aventure démarre à 7 heures du matin. La journée se termine vers 1 heure du matin. Ouf. Kristin ne s'accorde aucun jour de repos : le lundi et le jeudi matin, lors de la fermeture, elle en « profite » pour faire les courses.

Le Camion qui fume – Seconde époque

Kristin a maintenant deux équipes, une du midi et une du soir, plus une brigade spécialisée dans les burgers. Elle peut prendre plus de temps pour s'occuper avec son mari du travail

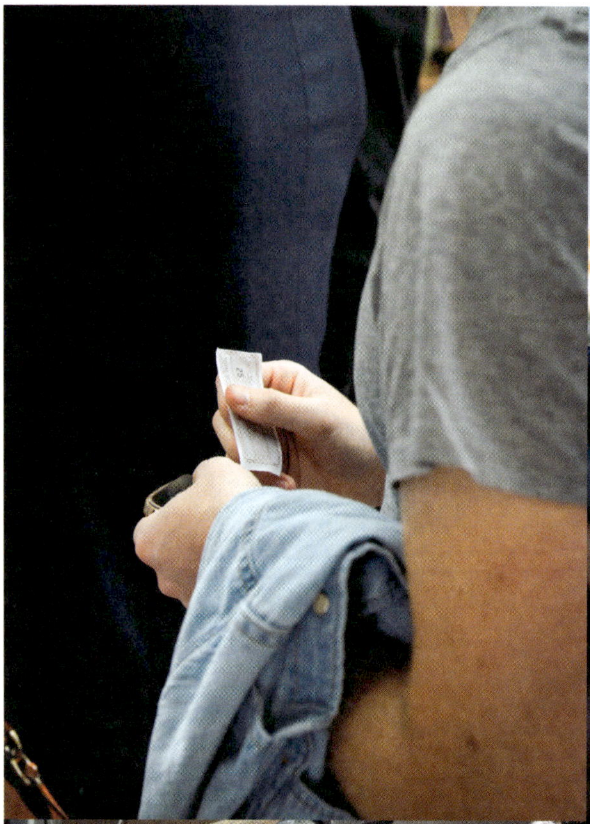

LE CAMION
QUI FUME
MENU : BURGER

administratif, de l'organisation d'événements privés, de la recherche d'emplacements. Parfois, c'est elle qui propose aux institutions de venir s'installer à leur porte, parfois c'est l'inverse. Chaque fois, il faut s'adapter aux exigences. Le MK2 Bibliothèque, vaste complexe de cinémas installé dans le XIIIe aux pieds de la bibliothèque François-Mitterrand, lui demande un jour de poser son camion sous son toit.
Neuf mois après le premier coup de feu, la presse continue de parler du *Camion*. Interviews et tournages s'enchaînent. Kristin reste étonnée de sa notoriété. Les gens lui écrivent même de province pour savoir quand elle viendra installer un *food truck* dans leur ville.

Le Camion qui fume – Et demain ?

Dès le mois de décembre 2012, Kristin compte ouvrir un deuxième *Camion* à Paris, qui sillonnera la capitale et aussi sa proche banlieue. En province, l'ouverture est prévue un peu plus tard. Le temps de s'organiser, de trouver des équipes, de se familiariser avec les lieux. Puis il y a le long terme, ou disons un rêve qui est toujours à l'état de rêve : ouvrir un restaurant aux États-Unis, qui proposera la contemporanéité de la cuisine française. Car, outre-Atlantique, il y a aussi quelques préjugés à renverser concernant la cuisine française : ceux notamment qui l'associent aux belles manières, au snobisme et à un portefeuille trop garni.

LA PRESSE CONTINUE DE PARLER DU CAMION. INTERVIEWS ET TOURNAGES S'ENCHAÎNENT. KRISTIN RESTE ÉTONNÉE DE SA NOTORIÉTÉ. LES GENS LUI ÉCRIVENT MÊME DE PROVINCE POUR SAVOIR QUAND ELLE VIENDRA INSTALLER UN *FOOD TRUCK* DANS LEUR VILLE.

PUIS IL Y A LE LONG TERME, OU DISONS UN RÊVE QUI EST TOUJOURS À L'ÉTAT DE RÊVE : OUVRIR UN RESTAURANT AUX ÉTATS-UNIS, QUI PROPOSERA LA CONTEMPORANÉITÉ DE LA CUISINE FRANÇAISE.

LES BURGERS DE BŒUF

LE CAMION
qui fume
Restaurant mobile

BURGER CLASSIQUE

pour 1 burger → préparation 5 minutes → cuisson 10 minutes environ

1 pain à hamburger • 5 g de beurre • 1 petite laitue
2 petites pincées de sucre en poudre • 1 steak haché de 150 g • 1 c. à s. d'huile de tournesol
1 tranche de cheddar fort • 2 c. à s. de mayonnaise douce et fine sans moutarde
2 rondelles d'oignon • 2 rondelles de tomate
Quelques rondelles de cornichon malossol • Sel

- Coupez le pain en deux.
- Mettez le beurre dans une poêle et faites-y dorer les moitiés de pain, côté mie. Réservez-les.
- Lavez la salade et émincez-la.
- Salez et sucrez le steak de chaque côté.
- Ajoutez l'huile dans la poêle très chaude, mettez-y le steak et faites-le cuire pendant 3 minutes de chaque côté (plus longtemps si vous aimez une viande très cuite).
- Déposez la tranche de cheddar sur le steak 1 minute avant la fin de la cuisson et couvrez la poêle, puis laissez cuire jusqu'à ce que le cheddar soit fondu.
- Nappez la base du pain de mayonnaise puis déposez-y quelques émincés de laitue, les rondelles d'oignon, les rondelles de tomate, les rondelles de cornichon et le steak. Recouvrez du chapeau.
- Dégustez bien chaud.

BURGER BARBECUE

pour 1 burger → préparation 10 minutes → cuisson 30 minutes environ

1 oignon • 10 g de beurre • 2 c. à s. d'huile de tournesol • 3 pincées de sucre en poudre
1 filet de vinaigre balsamique • Farine • 1 canette de bière • Huile pour friture
2 tranches de poitrine de porc fumée • 1 pain à hamburger • 1 steak haché de 150 g
1 tranche de cheddar fort • 2 c. à s. de mayonnaise douce et fine sans moutarde
Sauce barbecue (voir la recette p. 92) • Sel

- Préparez l'oignon caramélisé. Épluchez l'oignon, coupez-en 1 rondelle et gardez 1 anneau évidé que vous utiliserez pour le beignet, puis émincez l'oignon. Faites chauffer 5 g de beurre et 1 c. à s. d'huile dans une poêle, mettez-y l'oignon et faites rissoler. Ajoutez 1 pincée de sucre et 1 pincée de sel. Attention, l'oignon ne doit pas colorer. Ajoutez le vinaigre balsamique. Recouvrez la poêle d'un papier sulfurisé, baissez le feu, et laissez cuire pendant 30 minutes.
- Pendant ce temps, préparez une pâte à beignets. Remplissez un bol de farine, versez-la dans un saladier, remplissez le bol de bière et mettez-la dans le saladier. Fouettez rapidement afin d'obtenir une pâte homogène. Faites chauffer l'huile de friture à 175 °C. Plongez-y l'anneau d'oignon et faites cuire pendant environ 7 minutes.
- Mettez les tranches de poitrine fumée dans une poêle et faites-les bien dorer pour qu'elles soient bien croustillantes. Réservez-les sur du papier absorbant.
- Coupez le pain en deux.
- Mettez le beurre restant dans une poêle et faites-y dorer les moitiés de pain, côté mie. Réservez-les.
- Salez et sucrez le steak de chaque côté.
- Ajoutez dans la poêle très chaude l'huile restante, mettez-y le steak et faites-le cuire pendant 3 minutes de chaque côté (plus longtemps si vous aimez une viande très cuite).
- Déposez la tranche de cheddar sur le steak 1 minute avant la fin de la cuisson et couvrez la poêle, puis laissez cuire jusqu'à ce que le cheddar soit fondu.
- Nappez la base du pain de mayonnaise puis déposez-y une couche d'oignon caramélisé, les tranches de poitrine fumée, le steak, le beignet d'oignon et arrosez de sauce barbecue. Recouvrez du chapeau. Vous accompagnerez ce hamburger de beignets d'oignons (voir recette p. 120).

BURGER À LA FOURME D'AMBERT

pour 1 burger → préparation 5 minutes → cuisson 30 minutes environ

½ bouteille de porto rouge • 1 oignon • 15 g de beurre
3 c. à s. d'huile de tournesol • 3 pincées de sucre en poudre • 1 filet de vinaigre balsamique
1 pain à hamburger • 1 steak haché de 150 g • 1 tranche de fourme d'Ambert
2 c. à s. de mayonnaise douce et fine sans moutarde • Sel

- Mettez le porto rouge dans une poêle et faites-le réduire jusqu'à obtention d'un sirop bien épais.
- Pendant ce temps, préparez l'oignon caramélisé. Épluchez l'oignon, émincez-le. Faites chauffer 10 g de beurre et 2 c. à s. d'huile de tournesol dans une poêle, mettez-y l'oignon et faites rissoler. Ajoutez 1 pincée de sucre et 1 pincée de sel. Attention, l'oignon ne doit pas colorer. Recouvrez la poêle d'un papier sulfurisé, baissez le feu, ajoutez le filet de vinaigre balsamique et laissez cuire à feu doux pendant 30 minutes.
- Coupez le pain en deux.
- Mettez le beurre restant dans une poêle et faites-y dorer les moitiés de pain, côté mie. Réservez-les.
- Salez et sucrez le steak de chaque côté.
- Ajoutez l'huile restante dans la poêle très chaude, mettez-y le steak et faites-le cuire pendant 3 minutes de chaque côté (plus longtemps si vous aimez une viande très cuite).
- Déposez la tranche de fourme d'Ambert sur le steak 1 minute avant la fin de la cuisson, couvrez la poêle et laissez cuire jusqu'à ce que la fourme d'Ambert soit fondue.
- Nappez la base du pain de mayonnaise puis déposez-y une couche d'oignon caramélisé et le steak, puis arrosez de sirop. Recouvrez du chapeau.

BURGER CAMPAGNE

pour 1 burger → préparation 10 minutes → cuisson 30 minutes environ

**1 oignon • 12 g de beurre • 2 c. à s. d'huile de tournesol • 3 pincées de sucre en poudre
1 filet de vinaigre balsamique • 1 gros champignon de Paris • 1 gousse d'ail
1 branche de thym • 1 pain à hamburger • 1 steak haché de 150 g
1 tranche de gruyère suisse d'alpage
2 c. à s. de mayonnaise douce et fine sans moutarde • Sel**

- Préparez l'oignon caramélisé. Épluchez l'oignon, émincez-le. Faites chauffer 5 g de beurre et 1 c. à s. d'huile de tournesol dans une poêle, mettez-y l'oignon et faites rissoler. Ajoutez 1 pincée de sucre et 1 pincée de sel. Attention, l'oignon ne doit pas colorer. Ajoutez le filet de vinaigre balsamique, recouvrez la poêle d'un papier sulfurisé, baissez le feu puis laissez cuire à feu doux pendant 30 minutes.
- Nettoyez le champignon, ôtez le pied et tranchez-le en lamelles assez épaisses.
- Épluchez la gousse d'ail, écrasez-la.
- Faites chauffer 1 noisette de beurre dans une poêle et mettez-y la gousse d'ail écrasée, 1 pincée de sel, 1 branche de thym puis les lamelles de champignon. Faites-les rissoler jusqu'à ce qu'elles soient bien dorées.
- Coupez le pain en deux.
- Mettez le beurre restant dans une poêle et faites-y dorer les moitiés de pain, côté mie. Réservez-les.
- Salez et sucrez le steak de chaque côté.
- Ajoutez l'huile restante dans la poêle très chaude, mettez-y le steak et faites-le cuire pendant 3 minutes de chaque côté (plus longtemps si vous aimez une viande très cuite).
- Déposez la tranche de gruyère sur le steak 1 minute avant la fin de la cuisson et couvrez la poêle, puis laissez cuire jusqu'à ce que le gruyère soit fondu.
- Nappez la base du pain de mayonnaise puis déposez-y une couche d'oignon caramélisé, les lamelles de champignon et le steak. Recouvrez du chapeau.

BURGER SAUCE TERIYAKI

pour 1 burger → préparation 10 minutes → cuisson 20 minutes environ

3 c. à s. d'huile de tournesol • 1 tranche d'ananas frais • 1 tranche de bacon
1 petite laitue • 1 pain à hamburger • 10 g de beurre
3 pincées de sucre en poudre • 1 steak haché de 150 g • 1 tranche de gruyère suisse d'alpage
2 c. à s. de mayonnaise douce et fine sans moutarde • 2 rondelles de tomate • Sel

pour la sauce teriyaki → 20 cl de sauce de soja • 20 cl de mirin • 4 c. à s. de sucre en poudre

- Préparez la sauce teriyaki. Mettez la sauce de soja, le mirin et le sucre dans une casserole. Mélangez puis faites chauffer tout en continuant à tourner et laissez cuire à feu doux jusqu'à l'obtention d'un sirop. Réservez.
- Faites chauffer un gril. Huilez de chaque côté la tranche d'ananas, posez-la sur le gril bien chaud puis faites-la cuire de chaque côté le temps qu'elle dore légèrement.
- Nettoyez le gril et laissez-y la tranche de bacon pendant quelques secondes.
- Lavez la laitue et coupez-la en effiloché.
- Coupez le pain en deux.
- Mettez le beurre dans une poêle et faites-y dorer les moitiés de pain, côté mie. Réservez-les.
- Salez et sucrez le steak de chaque côté.
- Ajoutez l'huile restante dans la poêle très chaude, mettez-y le steak et faites-le cuire pendant 3 minutes de chaque côté (plus longtemps si vous aimez une viande très cuite).
- Déposez la tranche de gruyère sur le steak 1 minute avant la fin de la cuisson et couvrez la poêle, puis laissez cuire jusqu'à ce que le gruyère soit fondu.
- Nappez la base du pain de mayonnaise puis déposez-y les rondelles de tomate, l'effilochée de salade, le steak, la tranche d'ananas et le bacon, puis arrosez de sauce teriyaki. Recouvrez du chapeau.

BURGER AU BRIE DE MEAUX, SAUCE GRENADE

pour 1 burger → préparation 10 minutes → cuisson 20 minutes environ

½ pomme (Pink Lady® de préférence) • 1 poignée de roquette
Quelques gouttes d'huile d'olive • 1 pain à hamburger • 5 g de beurre
2 pincées de sucre en poudre • 1 steak haché de 150 g • 1 c. à s. d'huile de tournesol
2 tranches de brie de Meaux • 2 c. à s. de mayonnaise douce et fine sans moutarde • Sel

pour la sauce grenade → 75 cl de jus de grenade • ½ c. à s. de fond de veau en poudre

- Préparez la sauce grenade. Mettez le jus de grenade et le fond de veau dans une casserole. Mélangez et laissez réduire jusqu'à obtention d'un sirop.
- Lavez la demi-pomme et coupez-la en fines lamelles (sans l'éplucher).
- Lavez la roquette et mettez quelques gouttes d'huile d'olive. Mélangez.
- Coupez le pain en deux.
- Mettez le beurre dans une poêle et faites-y dorer les moitiés de pain, côté mie. Réservez-les.
- Salez et sucrez le steak de chaque côté.
- Ajoutez l'huile dans la poêle très chaude, mettez-y le steak et faites-le cuire pendant 3 minutes de chaque côté (plus longtemps si vous aimez une viande très cuite).
- Déposez les tranches de brie sur le steak 1 minute avant la fin de la cuisson, couvrez la poêle et laissez cuire jusqu'à ce que le brie soit fondu.
- Nappez la base du pain de mayonnaise puis déposez-y la roquette, les lamelles de pomme, arrosez de sirop de grenade et finissez par le steak. Recouvrez du chapeau.

BURGER AU CHÈVRE ET À LA BETTERAVE

pour 1 burger → préparation 10 minutes → cuisson 30 minutes environ

1 oignon • 15 g de beurre • 3 c. à s. d'huile de tournesol
3 pincées de sucre en poudre • 1 filet de vinaigre balsamique • 1 poignée de roquette
Noisettes concassées • ½ Petit Billy® • 2 rondelles de betterave rouge cuite
1 pain à hamburger • 1 steak haché de 150 g
2 c. à s. de mayonnaise douce et fine sans moutarde • Sel et poivre

pour la vinaigrette → 1 c. à s. d'huile de noisette • 1 c. à c. de vinaigre de xérès
Le jus de ½ orange frais • Sel et poivre

- Préparez l'oignon caramélisé. Épluchez l'oignon, émincez-le. Faites chauffer 10 g de beurre et 2 c. à s. d'huile de tournesol dans une poêle, mettez-y l'oignon et faites rissoler. Ajoutez 1 pincée de sucre et 1 pincée de sel. Attention, l'oignon ne doit pas colorer. Recouvrez la poêle d'un papier sulfurisé, baissez le feu, ajoutez le filet de vinaigre balsamique et laissez cuire à feu doux pendant 30 minutes.
- Préparez la vinaigrette en mélangeant tous les ingrédients dans un bol.
- Mettez-y la poignée de roquette, les noisettes concassées et mélangez bien.
- Malaxez le Petit Billy®. Mettez du Petit Billy® sur 1 rondelle de betterave, salez, poivrez puis recouvrez de l'autre rondelle de betterave.
- Coupez le pain en deux.
- Mettez le beurre restant dans une poêle et faites-y dorer les moitiés de pain, côté mie. Réservez les pains.
- Salez et sucrez le steak de chaque côté.
- Ajoutez l'huile restante dans la poêle très chaude, mettez-y le steak et faites-le cuire pendant 3 minutes de chaque côté (plus longtemps si vous aimez une viande très cuite).
- Nappez la base du pain de mayonnaise puis déposez-y l'oignon caramélisé, le steak, le sandwich betterave-Petit Billy® et terminez par la roquette. Recouvrez du chapeau.

BURGER AU ROQUEFORT ET AUX FIGUES

pour 1 burger → préparation 10 minutes → cuisson 30 minutes environ

1 oignon • 15 g de beurre • 3 c. à s. d'huile de tournesol • 3 pincées de sucre en poudre
1 filet de vinaigre balsamique • 2 tranches de poitrine fumée • 2 petites figues
2 ou 3 feuilles d'endive • 1 filet d'huile d'olive • 1 pain à hamburger • 1 steak haché de 150 g
1 tranche de roquefort • 2 c. à s. de mayonnaise douce et fine sans moutarde • Sel et poivre

- Préparez l'oignon caramélisé. Épluchez l'oignon, émincez-le. Faites chauffer 10 g de beurre et 2 c. à s. d'huile de tournesol dans une poêle, mettez-y l'oignon et faites rissoler. Ajoutez 1 pincée de sucre et 1 pincée de sel. Attention, l'oignon ne doit pas colorer. Recouvrez la poêle d'un papier sulfurisé, baissez le feu, ajoutez le filet de vinaigre balsamique et laissez cuire à feu doux pendant 30 minutes.
- Faites dorer les tranches de poitrine fumée dans une poêle bien chaude jusqu'à ce qu'elles soient bien croustillantes. Réservez-les sur du papier absorbant.
- Coupez les figues en deux. Salez-les légèrement. Mettez-les dans la poêle qui a servi à cuire la poitrine fumée, côté chair sur la poêle, et faites-les dorer pendant quelques minutes.
- Lavez les feuilles d'endive, coupez-les en lamelles, ajoutez l'huile d'olive et poivrez.
- Coupez le pain en deux.
- Mettez le beurre restant dans une poêle et faites-y dorer les moitiés de pain, côté mie. Réservez-les.
- Salez et sucrez le steak de chaque côté.
- Ajoutez l'huile restante dans la poêle très chaude, mettez-y le steak et faites-le cuire pendant 3 minutes de chaque côté (plus longtemps si vous aimez une viande très cuite).
- Déposez la tranche de roquefort sur le steak 1 minute avant la fin de la cuisson et couvrez la poêle, puis laissez cuire jusqu'à ce que le roquefort soit fondu.
- Nappez la base du pain de mayonnaise puis déposez-y l'oignon caramélisé, les tranches de poitrine fumée, le steak, les lamelles d'endive et les demi-figues. Recouvrez du chapeau.

BURGER AU POTIRON ET AÏOLI DE SAUGE

pour 1 burger → préparation 15 minutes → cuisson 15 minutes environ

5 c. à s. d'huile de tournesol • 6 feuilles de sauge • 10 g de parmesan râpé
2 tranches de poitrine fumée • 3 pincées de sucre en poudre
1 tranche de potiron d'environ 2 mm d'épaisseur • 2 c. à s. d'huile de tournesol
8 g de beurre • 1 gousse d'ail • 1 jaune d'œuf • 1 poignée de roquette • 1 pain à hamburger
1 steak haché de 150 g • 2 c. à s. de mayonnaise douce et fine sans moutarde • Sel et poivre

- Mettez à chauffer 5 cl d'huile dans une poêle et plongez-y la sauge, laissez chauffer jusqu'à un petit bouillonnement. Retirez du feu et laissez infuser la sauge pendant 5 minutes, puis retirez les feuilles de sauge. Réservez l'huile aromatisée à la sauge au frais.
- Pendant ce temps, préparez la chips de parmesan. Préchauffez le four à 180 °C (th. 6).
- Mettez du papier sulfurisé sur la lèchefrite. Faites un petit tas de parmesan râpé, très peu épais. Faites cuire au four de 12 à 15 minutes.
- Faites dorer les tranches de poitrine fumée dans une poêle bien chaude jusqu'à ce qu'elles soient bien croustillantes. Réservez-les sur du papier absorbant.
- Salez et sucrez légèrement la tranche de potiron.
- Faites chauffer 1 c. à s. d'huile de tournesol et 1 noisette de beurre dans une poêle, puis faites-y rissoler la tranche de potiron jusqu'à ce qu'elle soit bien dorée. Réservez-la.
- Épluchez la gousse d'ail et beurrez un bol avec. Mettez le jaune d'œuf dans le bol, fouettez, salez puis ajoutez peu à peu l'huile aromatisée à la sauge tout en continuant de fouetter.
- Mettez la roquette dans un bol, salez-la et huilez-la légèrement. Mélangez bien.
- Coupez le pain en deux.
- Mettez le beurre restant dans une poêle et faites-y dorer les moitiés de pain, côté mie. Réservez-les.
- Salez et sucrez le steak de chaque côté.
- Ajoutez l'huile restante dans la poêle très chaude, mettez-y le steak et faites-le cuire pendant 3 minutes de chaque côté (plus longtemps si vous aimez une viande très cuite).
- Nappez la base du pain de mayonnaise puis déposez-y la roquette, le steak, la tranche de potiron, les tranches de poitrine fumée, la chips de parmesan et arrosez d'aïoli. Recouvrez du chapeau.

BURGER CALIFORNIA

pour 1 burger → préparation 10 minutes → cuisson 6 minutes environ

1 pain à hamburger • 5 g de beurre • 2 pincées de sucre en poudre
1 steak haché de 150 g • 1 c. à s. d'huile de tournesol • 1 tranche de cheddar
1 poignée de roquette • 2 rondelles de tomate • Quelques rondelles d'avocat
1 petite poignée de germes de luzerne • Sel

pour la sauce California → 3 c. à s. de mayonnaise douce et fine sans moutarde
1 c. à s. de moutarde de Dijon • 3 c. à c. de miel • Le jus de ¼ de citron • Sel

- Préparez la sauce California. Mettez la mayonnaise et la moutarde de Dijon dans un bol puis mélangez bien. Ajoutez le miel, salez puis ajoutez le jus de citron.
- Coupez le pain en deux.
- Mettez le beurre dans une poêle et faites-y dorer les moitiés de pain, côté mie. Réservez-les.
- Salez et sucrez le steak de chaque côté.
- Ajoutez l'huile dans la poêle très chaude, mettez-y le steak et faites-le cuire pendant 3 minutes de chaque côté (plus longtemps si vous aimez une viande très cuite).
- Déposez la tranche de cheddar sur le steak 1 minute avant la fin de la cuisson et couvrez la poêle, puis laissez cuire jusqu'à ce que le cheddar soit fondu.
- Nappez la base du pain de sauce California puis déposez-y la roquette, les rondelles de tomate, les rondelles d'avocat, le steak et les germes de luzerne. Recouvrez du chapeau.

EDMOND DE ROTHSCHILD GROUP

BURGER MEXICAIN

pour 1 burger → préparation 15 minutes → cuisson 20 minutes environ

1 petit piment doux • ½ St-Môret® • 50 g de cheddar râpé
1 pain à hamburger • 5 g de beurre • 2 pincées de sucre en poudre
1 steak haché de 150 g • 1 c. à s. d'huile de tournesol • 1 tranche de cheddar
2 c. à s. de mayonnaise douce et fine sans moutarde • 1 poignée de mesclun • Sel

pour le guacamole : 1 tomate • ½ oignon rouge • 1 gousse d'ail • 2 avocats
Le jus de 1 citron vert • 3 feuilles de coriandre émincées • Sel et poivre

- Préparez le guacamole. Lavez la tomate et coupez-la en petits dés. Épluchez et émincez l'oignon rouge. Pelez la gousse d'ail et écrasez-la. Mettez-la dans un bol. Coupez les avocats en deux, dénoyautez-les et mettez la chair dans le bol. Malaxez bien le tout. Ajoutez les dés de tomate, l'oignon rouge et le jus de citron, salez, ajoutez la coriandre, poivrez, mélangez et réservez au frais.
- Faites chauffer un gril. Posez-y le piment et faites-le griller. Mettez-le dans un sac papier, laissez-le pendant 5 minutes. Ôtez la peau du piment. Incisez le chapeau, ouvrez délicatement le piment sans l'ouvrir complètement pour enlever les graines et le petit filament.
- Mettez le St-Môret® et le cheddar dans un bol puis malaxez. Farcissez le piment de ce mélange.
- Préparez une pâte à beignets (voir recette p. 120). Plongez-y le piment et faites cuire pendant environ 7 minutes.
- Coupez le pain en deux.
- Mettez le beurre dans une poêle et faites-y dorer les moitiés de pain, côté mie. Réservez-les.
- Salez et sucrez le steak de chaque côté.
- Ajoutez l'huile dans la poêle très chaude, mettez-y le steak et faites-le cuire pendant 3 minutes de chaque côté (plus longtemps si vous aimez une viande très cuite).
- Déposez la tranche de cheddar sur le steak 1 minute avant la fin de la cuisson et couvrez la poêle, puis laissez cuire jusqu'à ce que le cheddar soit fondu.
- Nappez la base du pain de mayonnaise puis déposez-y le mesclun, le steak, 1 quenelle de guacamole et le beignet de piment farci. Recouvrez du chapeau.

BURGER DE PRINTEMPS

pour 1 burger → préparation 15 minutes → cuisson environ 1 heure

**½ tête d'ail • 1 oignon • 10 g de beurre • 3 c. à s. d'huile de tournesol
3 pincées de sucre en poudre • 1 filet de vinaigre balsamique • 2 petits artichauts marinés
3 pointes d'asperges vertes • 1 pain ciabatta • Quelques gouttes d'huile d'olive
4 c. à s. de mayonnaise douce et fine sans moutarde • 1 steak haché de 150 g
1 tranche de gruyère • 1 poignée de mesclun • Sel et poivre**

- Préchauffez le four à 180 °C (th. 6).
- Enrobez la demi-tête d'ail de papier d'aluminium et faites cuire au four pendant 1 heure.
- Préparez l'oignon caramélisé. Épluchez l'oignon, émincez-le. Faites chauffer 10 g de beurre et 2 c. à s. d'huile de tournesol dans une poêle, mettez-y l'oignon et faites rissoler. Ajoutez 1 pincée de sucre, 1 pincée de sel et un filet de vinaigre balsamique. Recouvrez la poêle d'un papier sulfurisé, baissez le feu et laissez cuire à feu doux pendant 30 minutes.
- Coupez les artichauts en deux.
- Faites blanchir les pointes d'asperge. Laissez-les refroidir.
- Coupez le pain en deux. Faites chauffer un gril.
- Mettez un peu d'huile d'olive sur chaque face du pain et déposez-les sur le gril. Laissez-les griller juste le temps pour que les stries du gril apparaissent sur le pain. Réservez.
- Huilez légèrement les pointes d'asperge et salez-les. Mettez-les sur le gril et laissez-les griller juste le temps pour que les stries du gril apparaissent sur les asperges.
- Pressez la demi-tête d'ail dans un bol, ajoutez 2 c. à s. de mayonnaise, salez et poivrez. Mélangez bien.
- Salez et sucrez le steak de chaque côté.
- Ajoutez l'huile restante dans une poêle très chaude, mettez-y le steak et faites-le cuire pendant 3 minutes de chaque côté (plus longtemps si vous aimez une viande très cuite).
- Déposez les pointes d'asperge sur le steak 1 minute avant la fin de la cuisson, puis la tranche de gruyère, couvrez la poêle et laissez cuire jusqu'à ce que le gruyère soit fondu.
- Nappez la base du pain d'aïoli puis déposez-y les oignons caramélisés, les artichauts, le mesclun puis le steak. Recouvrez du chapeau.

BURGER AU SAINT-NECTAIRE ET À LA POIRE

pour 1 burger → préparation 10 minutes → cuisson 25 minutes environ

2 poires • 50 cl de vin rouge • 1 c. à c. de sucre en poudre • ½ fenouil
1 c. à s. d'huile d'olive • Le jus de ½ citron jaune • 1 pain à hamburger
5 g de beurre • 1 c. à s. d'huile de tournesol • 1 steak haché de 150 g
2 c. à s. de mayonnaise douce et fine sans moutarde • 1 poignée de mâche
1 tranche de saint-nectaire • Sel et poivre

- Préparez une poire pochée au vin rouge. Épluchez 1 poire. Mettez le vin rouge dans une casserole, ajoutez la poire, le sucre et laissez cuire à feu doux pendant environ 20 minutes sans cessez d'imbiber la poire de vin rouge. Une fois cuite, coupez-la en bâtonnets.
- Coupez le demi-fenouil en fines lamelles. Mettez-les dans un bol et assaisonnez-les d'huile d'olive, de poivre et du jus de citron.
- Coupez la poire restante en bâtonnets (sans l'éplucher).
- Coupez le pain en deux.
- Mettez le beurre dans une poêle et faites-y dorer les moitiés de pain, côté mie. Réservez-les.
- Salez et sucrez le steak de chaque côté.
- Ajoutez l'huile dans la poêle très chaude, mettez-y le steak et faites-le cuire pendant 3 minutes de chaque côté (plus longtemps si vous aimez une viande très cuite).
- Nappez la base du pain de mayonnaise puis déposez-y les lamelles de fenouil, la mâche, le steak, la tranche de saint-nectaire et les bâtonnets de poire. Recouvrez du chapeau.

BURGER AUX OIGNONS GRILLÉS ET SAUCE RAIFORT

pour 1 burger → préparation 15 minutes → cuisson 15 minutes

½ oignon • 8 g de beurre • 2 c. à s. d'huile de tournesol • 2 petites pincées de sucre en poudre • 1 steak haché de 150 g • 2 tranches de cheddar ½ échalote • 1 poignée de carottes râpées • 4 rondelles de céleri-branche 1 c. à c. de fond de veau en poudre • 1 pain à hamburger • Sel et poivre

pour la sauce raifort → 1 c. à s. de mayonnaise douce et fine sans moutarde 1 c. à s. de crème fraîche • 1 c. à c. de raifort râpé fort • Sel

- Préparez la sauce raifort. Mélangez la mayonnaise, la crème fraîche, le raifort râpé et 1 pincée de sel dans un bol puis mélangez bien.
- Épluchez le demi-oignon et coupez-le grossièrement.
- Faites chauffer 1 noisette de beurre et 1 c. à s. d'huile dans une poêle. Mettez-y l'oignon, salez et poivrez. Laissez l'oignon griller jusqu'à ce qu'il ait une belle coloration. Réservez-le.
- Salez et sucrez le steak de chaque côté.
- Mettez à cuire le steak dans la même poêle pendant 3 minutes de chaque côté. Déposez les tranches de cheddar sur le steak 1 minute avant la fin de la cuisson et couvrez la poêle, puis laissez cuire jusqu'à ce que le cheddar soit fondu. Réservez.
- Épluchez la demi-échalote et coupez-la en quatre. Ajoutez 1 c. à c. d'huile dans la même poêle, mettez-y les carottes râpées, le céleri-branche et l'échalote puis faites caraméliser les légumes. Un peu avant la fin de la cuisson, ajoutez le fond de veau en poudre, mélangez bien, ajoutez environ 20 cl d'eau et laissez réduire de moitié. Passez le jus dans une passoire fine.
- Coupez le pain en deux.
- Mettez le beurre dans une poêle et faites-y dorer les moitiés de pain, côté mie.
- Nappez la base du pain de 1 c. à s. de sauce raifort, déposez-y le steak et l'oignon grillé puis arrosez de jus ou servez-le à côté. Recouvrez du chapeau.

BURGER CŒUR DE BŒUF ET SAUCE PESTO

pour 1 burger → préparation 15 minutes → cuisson 8 minutes

1 pain à hamburger • 5 g de beurre • 2 petites pincées de sucre en poudre
1 steak haché de 150 g • 1 c. à s. d'huile de tournesol
2 c. à s. de mayonnaise douce et fine sans moutarde • 1 poignée de mesclun
1 tranche de tomate cœur de bœuf
½ mozzarella de bufflonne coupée dans l'épaisseur • Sel

pour la sauce pesto → 1 gousse d'ail • ½ botte de basilic • 1 poignée de pignons de pin
18 cl d'huile d'olive • 40 g de parmesan râpé • Sel

- Préparez le pesto. Épluchez et coupez la gousse d'ail en deux. Mettez le basilic, les pignons de pin, la gousse d'ail, 2 pincées de sel, l'huile d'olive et le parmesan dans le bol d'un mixeur. Mixez bien. Réservez le pesto dans un bol.
- Coupez le pain en deux.
- Mettez le beurre dans une poêle et faites-y dorer les moitiés de pain, côté mie. Réservez-les.
- Salez et sucrez le steak de chaque côté.
- Ajoutez l'huile de tournesol dans la poêle très chaude, mettez-y le steak et faites-le cuire pendant 3 minutes de chaque côté (plus longtemps si vous aimez une viande très cuite).
- Nappez la base du pain de mayonnaise puis déposez-y le mesclun, le steak, la tranche de tomate cœur de bœuf, la mozzarella et arrosez de pesto. Recouvrez du chapeau.

BURGER TARTIFLETTE

1 burger → préparation 10 minutes → cuisson 15 minutes environ

8 g de beurre • 50 g de lardons nature • ½ oignon
1 pain à hamburger • 2 petites pincées de sucre en poudre • 1 steak haché de 150 g
1 c. à s. d'huile de tournesol • 1 tranche de reblochon
2 c. à s. de mayonnaise douce et fine sans moutarde • Quelques chips • Sel

- Faites chauffer 1 noisette de beurre dans une poêle, mettez-y les lardons et faites cuire jusqu'à ce que les lardons soient bien dorés. Réservez-les sur du papier absorbant.
- Épluchez et émincez le demi-oignon.
- Faites revenir l'oignon dans la poêle des lardons et laissez-le cuire jusqu'à qu'il soit bien coloré.
- Coupez le pain en deux.
- Mettez le beurre dans une poêle et faites-y dorer les moitiés de pain, côté mie. Réservez-les.
- Salez et sucrez le steak de chaque côté.
- Ajoutez l'huile dans la poêle très chaude, mettez-y le steak et faites-le cuire pendant 3 minutes de chaque côté (plus longtemps si vous aimez une viande très cuite).
- Déposez la tranche de reblochon sur le steak 1 minute avant la fin de la cuisson et couvrez la poêle, puis laissez cuire jusqu'à ce que le reblochon soit fondu.
- Nappez de mayonnaise la base du pain puis déposez-y l'oignon, le steak, les lardons et les chips. Recouvrez du chapeau.

BURGER AU FOIE GRAS ET SAUCE CERISE

pour 1 burger → préparation 25 minutes → cuisson 20 minutes

1 c. à s. de vinaigre balsamique • 1 c. à s. de sucre en poudre • 15 cl de vin rouge
½ bâton de cannelle • ½ échalote • 10 cerises • 1 c. à s. de fond de volaille
1 filet de jus de citron • 1 c. à c. de fécule de maïs
1 escalope de foie gras (vous pouvez l'acheter surgelée)
1 c. à s. d'huile de tournesol + 1 filet • 1 pain à hamburger • 5 g de beurre
2 petites pincées de sucre en poudre • 1 steak haché de 150 g
2 c. à s. de mayonnaise douce et fine sans moutarde
1 poignée de mesclun • Sel et poivre • Fleur de sel

- Faites chauffer le vinaigre balsamique et le sucre en poudre dans une poêle tout en mélangeant bien jusqu'à une petite ébullition. Hors du feu, ajoutez le vin, la cannelle et la demi-échalote, épluchée et émincée. Remettez sur le feu pour 3 minutes puis retirez le bâton de cannelle et laissez sur le feu pendant encore 2 minutes.
- Lavez les cerises sous l'eau, égouttez-les, coupez-les en deux et dénoyautez-les.
- Ajoutez les cerises à la préparation précédente avec le fond de volaille, le filet de jus de citron et laissez cuire à feu doux de 7 à 8 minutes.
- Délayez la fécule de maïs avec un peu d'eau dans un bol et mettez-en 1 à 2 c. à c. dans le mélange afin qu'il épaississe légèrement puis retirez du feu.
- Salez et poivrez l'escalope de foie gras. Faites chauffer 1 filet d'huile de tournesol dans une poêle et faites-y cuire l'escalope de foie gras pendant 1 minute de chaque côté.
- Coupez le pain en deux.
- Mettez le beurre dans une poêle et faites-y dorer les moitiés de pain, côté mie. Réservez-les.
- Salez et sucrez le steak de chaque côté.
- Ajoutez l'huile dans la poêle très chaude, mettez-y le steak et faites-le cuire pendant 3 minutes de chaque côté (plus longtemps si vous aimez une viande très cuite).
- Nappez la base du pain de mayonnaise puis déposez-y le mesclun, le steak, quelques cerises, l'escalope de foie gras, salez avec la fleur de sel et arrosez de sauce aux cerises. Recouvrez du chapeau.

BURGER LIBANAIS

pour 1 burger → préparation 25 minutes → marinade 12 heures → cuisson 10 minutes environ

**1 navet • 2 c. à s. de vinaigre de vin • 1 c. à s. de sucre en poudre + 2 petites pincées
1 petite poignée de blé concassé • ½ botte de persil • 3 feuilles de menthe • 1 tomate
½ oignon • 1 gousse d'ail • 5 c. à s. d'huile d'olive • 1 boîte de pois chiches de 250 g
Le jus de 1 citron • 1 pain à hamburger • 5 g de beurre • 1 steak haché de 150 g
1 c. à s. d'huile de tournesol • 1 tranche de fromage libanais ou de mozzarella sèche
2 c. à s. de mayonnaise douce et fine sans moutarde • 1 petite poignée de mâche
1 piment doux mariné en conserve coupé en rondelles • Sel et poivre**

- Épluchez et coupez le navet en bâtonnets. Mettez 2 c. à s. de vinaigre de vin dans un bol, ajoutez 1 c. à s. de sucre en poudre, les bâtonnets de navet et faites mariner pendant 12 heures.
- Préparez le taboulé. Mettez le blé concassé à tremper dans un bol d'eau pendant 15 minutes. Pendant ce temps, lavez et hachez le persil et la menthe, lavez et coupez la tomate en petits dés, épluchez et émincez le demi-oignon et la gousse d'ail. Égouttez le blé et mettez tous ces ingrédients dans un saladier. Ajoutez 3 c. à s. d'huile d'olive, salez et poivrez. Mélangez bien et réservez.
- Préparez l'houmous. Rincez et égouttez les pois chiches. Mettez-les dans le bol d'un mixeur et réduisez-les en purée. Ajoutez le jus de citron et le reste d'huile d'olive, du sel et du poivre. Mixez à nouveau jusqu'à obtention d'une consistance crémeuse.
- Coupez le pain en deux.
- Mettez le beurre dans une poêle et faites-y dorer les moitiés de pain, côté mie. Réservez-les.
- Salez et sucrez le steak de chaque côté.
- Ajoutez l'huile de tournesol dans la poêle très chaude, mettez-y le steak et faites-le cuire pendant 3 minutes de chaque côté (plus longtemps si vous aimez une viande très cuite).
- Déposez la tranche de fromage sur le steak 1 minute avant la fin de la cuisson et couvrez la poêle, puis laissez cuire jusqu'à ce que le fromage soit fondu.
- Nappez le chapeau du pain de 2 c. à s. d'houmous. Nappez la base du pain de mayonnaise puis déposez-y la mâche, le taboulé, le steak, quelques bâtonnets de navet et des rondelles de piment. Recouvrez du chapeau.

MINIBURGER À LA TRUFFE

pour 3 miniburgers → préparation 10 minutes → cuisson 40 minutes environ

4 échalotes • 10 g de beurre • 2 c. à s. d'huile de tournesol
3 petites pincées de sucre en poudre • 1 c. à c. de fond de volaille
3 petits pains à hamburger • 3 steaks hachés de 40 g chacun environ
3 petites tranches de brie de Meaux sans croûte • 3 fines lamelles de truffe noire • Sel

- Épluchez les échalotes et coupez-les en fines lamelles. Mettez 5 g de beurre et 1 c. à s. d'huile de tournesol dans une poêle, ajoutez-y les échalotes, mélangez bien et faites réduire à feu doux de 7 à 8 minutes. Salez légèrement, ajoutez 1 pincée de sucre et le fond de volaille. Recouvrez la poêle de papier sulfurisé et laissez cuire pendant 20 minutes à feu doux tout en remuant de temps de temps. Lorsque les échalotes sont bien réduites, passez-les dans une passoire fine afin d'obtenir une purée.
- Coupez les pains en deux.
- Mettez le beurre restant dans une poêle et faites-y dorer les moitiés de pain, côté mie. Réservez-les.
- Salez et sucrez les steaks de chaque côté.
- Ajoutez l'huile restante dans la poêle très chaude, mettez-y les steaks et faites-les cuire pendant 3 minutes de chaque côté (plus longtemps si vous aimez une viande très cuite).
- Déposez la tranche de brie de Meaux sur chacun des steaks 1 minute avant la fin de la cuisson et couvrez la poêle, puis laissez cuire jusqu'à ce que le brie de Meaux soit fondu.
- Nappez la base de pain de chaque burger de purée d'échalotes puis déposez sur chacune 1 steak et 1 lamelle de truffe noire. Recouvrez des chapeaux.

BURGER AU MUNSTER

pour 1 burger → préparation 10 minutes → cuisson 15 minutes environ

1 oignon des Cévennes • 2 c. à s. d'huile de tournesol • 10 g de beurre
½ cannette de bière légère (style Budweiser®) • 2 tranches de poitrine fumée
1 pain à hamburger • 2 petites pincées de sucre en poudre • 1 steak haché de 150 g
1 tranche de munster • 2 c. à s. de moutarde à l'ancienne
2 c. à s. de mayonnaise douce et fine sans moutarde • Sel

- Épluchez l'oignon, coupez-le en grosses rondelles et séparez les rondelles en anneaux.
- Faites chauffer 1 c. à s. d'huile de tournesol et 5 g de beurre dans une poêle puis mettez-y les anneaux d'oignon à dorer pendant 5 minutes tout en remuant. Salez puis déglacez avec la bière et laissez réduire.
- Mettez les tranches de poitrine fumée dans une poêle et faites-les bien dorer pour qu'elles soient bien croustillantes. Réservez-les sur du papier absorbant.
- Coupez le pain en deux.
- Mettez le beurre restant dans une poêle et faites-y dorer les moitiés de pain, côté mie. Réservez-les.
- Salez et sucrez le steak de chaque côté.
- Ajoutez l'huile dans la poêle très chaude, mettez-y le steak et faites-le cuire pendant 3 minutes de chaque côté (plus longtemps si vous aimez une viande très cuite).
- Déposez la tranche de munster sur le steak 1 minute avant la fin de la cuisson et couvrez la poêle, puis laissez cuire jusqu'à ce que le munster soit fondu.
- Nappez le chapeau du pain de 2 c. à s. de moutarde à l'ancienne. Nappez la base du pain de mayonnaise puis déposez-y les anneaux d'oignon, le steak et les tranches de poitrine fumée. Recouvrez du chapeau.

BURGER AU CHILI

pour 1 burger préparation 10 minutes → cuisson 40 minutes environ

**1 pain à hamburger • 5 g de beurre • 2 petites pincées de sucre en poudre
1 steak haché de 150 g • 1 c. à s. d'huile de tournesol • 1 tranche de cheddar
2 c. à s. de mayonnaise douce et fine sans moutarde • Quelques feuilles de laitue
2 rondelles de tomate • Sel**

**pour le chili → 1 oignon • 1 c. à s. d'huile de tournesol • ½ poivron rouge
300 g de viande hachée • 1 pincée de piment de Cayenne • 1 c. à c. de chili en poudre
1 c. à c. d'ail déshydraté • 20 cl de bouillon de bœuf • 1 pincée de paprika
1 c. à c. de cumin • 1 c. à s. de concentré de tomate**

- Préparez le chili la veille. Épluchez l'oignon, émincez-le. Faites chauffer l'huile dans une poêle et faites-y suer l'oignon.
- Lavez et coupez le demi-poivron rouge en petits dés. Ajoutez-les à l'oignon et faites cuire pendant 5 minutes. Ajoutez la viande hachée et laissez cuire pendant 2 minutes à feu fort puis ajoutez le piment de Cayenne, le chili, l'ail déshydraté et faites cuire encore pendant 2 minutes. Ajoutez le bouillon, le paprika, le cumin, le concentré de tomate et laissez cuire à feu doux jusqu'à évaporation du bouillon. Réservez. Vous pourrez utiliser le chili pour les frites au chili (voir recette p. 116).
- Coupez le pain en deux.
- Mettez le beurre dans une poêle et faites-y dorer les moitiés de pain, côté mie. Réservez-les.
- Salez et sucrez le steak de chaque côté.
- Ajoutez l'huile dans la poêle très chaude, mettez-y le steak et faites-le cuire pendant 3 minutes de chaque côté (plus longtemps si vous aimez une viande très cuite).
- Déposez la tranche de cheddar sur le steak 1 minute avant la fin de la cuisson et couvrez la poêle, puis laissez cuire jusqu'à ce que le cheddar soit fondu.
- Dans le même temps, faites réchauffer à feu doux le chili dans une poêle.
- Nappez la base du pain de mayonnaise puis déposez-y les feuilles de laitue, les rondelles de tomate, le steak et 2 c. à s. de chili. Recouvrez du chapeau.

MINIBURGER TARTARE DE BŒUF ET ŒUFS FAÇON BÉNÉDICTE

pour 2 miniburgers → préparation 15 minutes environ → cuisson 30 minutes environ

2 tranches de pain de mie • 5 g de beurre • 1 tranche de filet de bœuf (environ 90 g)
2 œufs de caille • 1 branche de ciboulette

pour la sauce béarnaise → 1 échalote • 2 ou 3 branches d'estragon
3 c. à s. de vinaigre blanc • 2 jaunes d'œufs • 125 g de beurre clarifié

- Préparez une sauce béarnaise. Épluchez et ciselez l'échalote. Effeuillez l'estragon. Mettez l'échalote, les branches d'estragon et le vinaigre blanc dans une casserole puis faites chauffer jusqu'à évaporation complète du liquide. Laissez refroidir.
- Mettez la réduction d'échalote dans une casserole à feu doux, ajoutez les jaunes d'œufs puis fouettez énergiquement jusqu'à ce que le mélange épaississe et tienne un peu aux branches du fouet. Hors du feu, incorporez-y le beurre clarifié doucement en tournant sans cesse. Ajoutez les feuilles d'estragon finement hachées. Réservez.
- Faites 2 petits ronds sur la base des tranches de pain de mie à l'aide d'un emporte-pièce.
- Faites chauffer le beurre dans une poêle et faites-y dorer les ronds de pain de mie.
- Préparez le tartare au couteau. Coupez la tranche de filet de bœuf en tout petits dés et réservez au frais.
- Faites bouillir une casserole d'eau puis réduisez le feu pour garder une petite ébullition. Cassez les œufs de caille un par un dans une tasse. Approchez celle-ci très près de l'eau frémissante pour y faire glisser les œufs plus facilement. Lorsque le blanc commence à prendre, ramenez-le délicatement sur chaque œuf à l'aide d'une cuillère. Au bout de 1 minute, 1 min 30, sortez les œufs et plongez-les dans un bol d'eau glacée pour arrêter la cuisson.
- Sur chaque base de pain de mie, déposez la moitié du tartare, de la sauce béarnaise et 1 œuf de caille. Décorez de ciboulette.

ENGLISH MUFFIN

pour 1 muffin → préparation 5 minutes → cuisson 10 minutes environ

1 muffin • 8 g de beurre • 1 ½ c. à s. d'huile de tournesol • 1 tranche de bacon
2 petites pincées de sucre en poudre • 1 steak haché de 150 g • 1 tranche de cheddar fort
1 œuf • 2 c. à s. de mayonnaise douce et fine sans moutarde • 1 tranche de tomate
Sel et poivre

- Coupez le muffin en deux.
- Mettez 5 g de beurre dans une poêle et faites-y dorer les moitiés de muffin, côté mie. Réservez-les.
- Faites chauffer ½ c. à s. d'huile dans une poêle et faites-y griller le bacon.
- Salez et sucrez le steak de chaque côté.
- Versez l'huile restante dans la poêle très chaude, mettez-y le steak et faites-le cuire pendant 3 minutes de chaque côté (plus longtemps si vous aimez une viande très cuite).
- Déposez la tranche de cheddar sur le steak 1 minute avant la fin de la cuisson et couvrez la poêle, puis laissez cuire jusqu'à ce que le cheddar soit fondu.
- Dans le même temps, faites cuire l'œuf au plat dans une poêle contenant le beurre restant, salez et poivrez-le.
- Nappez de mayonnaise la base du muffin puis déposez-y la tranche de tomate, le steak, le bacon et l'œuf au plat. Recouvrez du chapeau.
- Dégustez bien chaud.

BURGER SAUCE SATAY

pour 1 burger → préparation 10 minutes → marinade 2 heures → cuisson 10 minutes environ

½ oignon rouge • ½ concombre • 1 c. à c. de vinaigre de vin
2 c. à c. de sucre en poudre + 2 petites pincées • Le jus de ½ citron jaune
1 pain à hamburger • 5 g de beurre • 1 c. à s. de sauce nuoc-mâm • Le jus de ½ citron vert
1 poignée de mesclun • 1 c. à s. d'huile de tournesol • 1 steak haché de 150 g • Sel et poivre

pour la sauce satay → 100 g de beurre de cacahuète • 1 c. à s. de sauce de soja
15 cl de lait de noix de coco • 1 c. à c. de pâte de curry rouge
1 c. à c. de gingembre en poudre • Le jus de 1 citron vert • 1 c. à s. de sucre en poudre • Sel

- Épluchez le demi-oignon et émincez-le. Lavez le concombre et coupez-le en fines rondelles.
- Mettez le concombre et l'oignon dans un saladier puis ajoutez le vinaigre, 1 c. à c. de sucre, le jus de citron jaune, du sel et du poivre. Mélangez et laissez mariner pendant 2 heures.
- Coupez le pain en deux.
- Mettez le beurre dans une poêle et faites-y dorer les moitiés de pain, côté mie. Réservez-les.
- Préparez la sauce satay : mettez tous les ingrédients dans une casserole, mélangez bien au fouet et faites chauffer à feu très doux pendant environ 5 minutes jusqu'à ce que le sucre soit dissous.
- Mettez la sauce nuoc-mâm, 1 c. à c. de sucre et le jus de citron vert dans un bol. Mélangez et assaisonnez le mesclun de cette préparation.
- Salez et sucrez le steak de chaque côté.
- Mettez l'huile dans une poêle très chaude, ajoutez le steak et faites-le cuire pendant 3 minutes de chaque côté (plus longtemps si vous aimez une viande très cuite).
- Nappez de sauce satay la base du pain puis déposez le mesclun, le steak et les légumes marinés. Recouvrez du chapeau. Servez bien chaud.

BURGER SAUCE CHIMICHURRI

pour 1 burger → préparation 15 minutes → marinade 12 heures → cuisson 8 minutes environ

½ oignon • 1 gousse d'ail • 1 petite tomate • 1 c. à c. de persil haché • 10 cl d'huile d'olive 5 cl de vinaigre de vin • 1 pain ciabatta • 5 g de beurre • 2 petites pincées de sucre en poudre • 1 steak haché de 150 g • 1 c. à s. d'huile de tournesol • 1 tranche de manchego 2 c. à s. de mayonnaise douce et fine sans moutarde • Sel

pour la sauce chimichurri → 1 botte de persil plat • 1 gousse d'ail • 6 c. à s. d'huile d'olive 3 c. à s. de vinaigre blanc • Le jus de 1 citron vert • Sel

- Épluchez et ciselez le demi-oignon et l'ail. Lavez la tomate, épépinez-la et coupez-la en petits dés. Mettez ces ingrédients dans un grand saladier, ainsi que le persil et l'huile d'olive. Mélangez bien. Faites chauffer le vinaigre de vin avec 5 cl d'eau pendant 10 secondes au micro-ondes. Arrosez de vinaigre chaud les ingrédients du saladier et faites mariner pendant 12 heures.
- Préparez la sauce chimichurri : lavez le persil plat. Épluchez la gousse d'ail. Mettez tous les ingrédients dans le bol d'un mixeur et mixez légèrement.
- Coupez le pain en deux.
- Mettez le beurre dans une poêle et faites-y dorer les moitiés de pain, côté mie. Réservez-les.
- Salez et sucrez le steak de chaque côté.
- Versez l'huile dans la poêle très chaude, mettez-y le steak et faites-le cuire pendant 3 minutes de chaque côté (plus longtemps si vous aimez une viande très cuite).
- Déposez la tranche de manchego sur le steak 1 minute avant la fin de la cuisson et couvrez la poêle, puis laissez cuire jusqu'à ce que le manchego soit fondu.
- Nappez la base du pain de mayonnaise puis déposez-y les légumes marinés, le steak et la sauce chimichurri. Recouvrez du chapeau.

LES BURGERS AUX AUTRES VIANDES

SANDWICH AU POULET ET AÏOLI

pour 1 sandwich → préparation 5 minutes → marinade 1 heure → cuisson 1 h 10

½ tête d'ail • 2 c. à s. d'huile d'olive • 6 brins de romarin • 1 gousse d'ail
Le jus de ¼ de citron jaune • 1 blanc de poulet de 150 g • 2 c. à s. de mayonnaise
1 petit pain de campagne • Quelques pousses d'épinard
8 tomates séchées marinées • Sel et poivre

- Préchauffez le four à 180 °C (th. 6).
- Enrobez la demi-tête d'ail de papier d'aluminium et faites cuire au four pendant 1 heure.
- Mettez l'huile d'olive, les brins de romarin, la gousse d'ail épluchée et coupée en quatre, le jus de citron, le blanc de poulet et un peu de poivre dans un petit saladier. Mélangez bien et laissez mariner pendant 1 heure.
- Pressez la demi-tête d'ail dans un bol, ajoutez la mayonnaise, salez et poivrez. Mélangez bien.
- Préchauffez un gril à feu moyen pendant 5 minutes. Salez le blanc de poulet. Huilez le gril puis faites saisir le blanc de poulet pendant 5 minutes de chaque côté.
- Coupez en deux le petit pain de campagne.
- Nappez la base du pain de 2 c. à s. d'aïoli puis déposez-y les pousses d'épinard, les tomates séchées et le blanc de poulet. Recouvrez du chapeau.

BURGER AU PORC BRAISÉ

pour 4 burgers → préparation 5 minutes → cuisson 2 h 30

3 c. à s. de moutarde • 1 c. à s. de chili en poudre • 1 c. à c. d'ail déshydraté
1 c. à s. de coriandre en poudre • 1 c. à s. de cassonade • 750 g de palette de porc
3 gousses d'ail • 75 cl de bière • 4 pains à hamburger • 20 g de beurre
8 c. à s. de mayonnaise douce et fine sans moutarde
8 c. à s. de coleslaw (voir recette p.115) • Sel et poivre au moulin

pour la sauce barbecue → 1 oignon doux • 1 c. à s. d'huile d'olive • 40 cl de ketchup
2 c. à s. de sucre brun en poudre • 1 c. à c. de concentré de tomate • 1 c. à s. de miel
1 c. à s. de sauce worcestershire • 1 c. à c. de piment de Cayenne
2 c. à s. de vinaigre de cidre

- Préparez le porc braisé. Mettez la moutarde, le chili, l'ail, du poivre, la coriandre, la cassonade et un peu de sel dans un saladier puis mélangez bien. Mettez la palette de porc dans un plat allant au four et étalez le mélange précédent sur la palette.
- Faites cuire au four à 240 °C (th. 8) pendant 10 minutes afin de former une croûte. Retirez la palette du four, baissez la température à 160 °C (th. 5-6), ajoutez les gousses d'ail épluchées et écrasées, remplissez le plat de bière afin que le porc soit recouvert à moitié et faites cuire à nouveau pendant 2 heures en vérifiant qu'il y ait toujours du liquide dans le plat, dans le cas contraire, ajoutez un peu d'eau. Effilochez le porc et réservez du jus de cuisson.
- Préparez la sauce barbecue : épluchez et ciselez l'oignon. Faites chauffer l'huile dans une poêle et faites-y suer l'oignon. Ajoutez tous les ingrédients dans la poêle, mélangez bien et laissez cuire à feu doux pendant 20 minutes. Laissez refroidir et réservez au réfrigérateur.
- Mettez la sauce barbecue et 10 cl de jus de cuisson dans un bol, ajoutez cette sauce au porc. Mélangez bien. Réservez au chaud.
- Coupez les pains en deux. Mettez le beurre dans une poêle et faites-y dorer les moitiés de pain, côté mie.
- Nappez la base de chaque pain de 2 c. à s. de mayonnaise puis déposez-y le porc braisé et le coleslaw. Recouvrez du chapeau.

BURGER À L'AGNEAU

pour 1 burger → préparation 10 minutes → cuisson 3 h 10

20 tomates cerises • ½ oignon • 1 c. à s. de cassonade • ½ c. à c. de cumin
Le jus de 1 de citron jaune • 1 c. à c. de vinaigre de cidre • 1 yaourt à la grecque
1 c. à c. de moutarde à l'ancienne • 150 g d'agneau haché dans l'épaule
Huile de tournesol • 1 petit pain de campagne • Quelques feuilles de mesclun • Sel et poivre

- Préparez une purée de tomates. Lavez les tomates cerises et coupez-les en quatre. Épluchez et émincez le demi-oignon. Mélangez les tomates, l'oignon, la cassonade, 1 pincée de sel, le cumin, le jus de ½ citron et le vinaigre de cidre dans une casserole. Faites cuire à feu doux pendant environ 3 heures jusqu'à l'obtention d'une consistante de purée.
- Mettez le yaourt dans un bol et délayez-le avec le jus du citron restant, 1 pincée de sel et 1 c. à c. de moutarde à l'ancienne.
- Reconstituez l'agneau haché en steak. Huilez-le légèrement, salez-le et poivrez-le.
- Préchauffez un gril pendant 5 minutes. Faites-y cuire le steak haché d'agneau pendant 5 minutes de chaque côté.
- Coupez le petit pain de campagne en deux.
- Nappez la base du pain de 2 c. à s. de purée de tomates, déposez-y les feuilles de mesclun, le steak puis la sauce au yaourt. Recouvrez du chapeau.

SANDWICH AUX BOULETTES

pour 1 sandwich → préparation 10 minutes → cuisson 2 h 15

½ oignon • 2 gousses d'ail • 1 c. à s. d'huile d'olive • 1 boîte de tomates pelées
1 c. à c. de sucre en poudre • 6 feuilles de basilic hachées • 50 g de pignons de pin
½ botte de persil plat • 2 tranches de pain de mie sans croûte • 150 g de chair à saucisse
150 g de bœuf haché • 2 c. à s. de parmesan râpé • 1 œuf • 1 c. à s. de farine
⅓ de baguette • 10 g de beurre ramolli • 50 g de mozzarella sèche râpée
2 c. à s. d'huile de tournesol • Sel et poivre au moulin

- Préparez la sauce tomate. Épluchez le demi-oignon, émincez-le. Épluchez 1 gousse d'ail, hachez-la. Faites chauffer 1 c. à s. d'huile d'olive dans une casserole, ajoutez-y l'oignon, l'ail, les tomates pelées, 1 pincée de sel, le sucre, du poivre au moulin, le basilic et laissez cuire à feu doux pendant 1 heure.
- Mettez les pignons de pin dans une poêle et faites-les dorer doucement de 5 à 6 minutes.
- Lavez et hachez finement le persil plat. Coupez les tranches de pain de mie en petits dés, mettez-les dans un bol et ajoutez de 2 à 3 c. à s. d'eau puis mélangez bien. Épluchez et émincez la gousse d'ail restante.
- Mélangez les viandes avec les pignons de pin, le persil, l'ail, le parmesan, la mie de pain, 1 pincée de sel, du poivre et l'œuf dans un saladier.
- Préparez 3 boulettes de viande avec le mélange précédent puis farinez-les.
- Faites chauffer 2 c. à s. d'huile de tournesol restante dans une poêle et faites cuire les boulettes en les retournant régulièrement pendant 8 minutes.
- Plongez ensuite les boulettes dans la sauce tomate, en les recouvrant bien de sauce tomate, et laissez cuire pendant encore 1 heure.
- Préchauffez le four à 240 °C (th. 8) sur la position gril.
- Coupez la baguette en deux, mais pas jusqu'au bout. Beurrez-la.
- Placez les boulettes dans la baguette puis mettez-la dans un plat allant au four et enfournez pendant 2 minutes. Sortez le plat du four, ajoutez la mozzarella râpée sur les boulettes et faites cuire au four pendant encore 1 minute, le temps que le fromage fonde. Servez aussitôt.

HOT DOG AU BOUDIN BLANC

pour 1 hot dog → préparation 10 minutes → cuisson 15 minutes environ

½ oignon • 15 g de beurre • 3 c. à s. d'huile de tournesol
½ pomme granny-smith • Le jus d'1 citron jaune • ½ échalote
½ gousse d'ail • 1 morceau de gingembre (environ 2 mm) • 1 clou de girofle
1 c. à s. de vinaigre de cidre • 1 c. à s. de sucre en poudre • 1 pain à hot dog
1 boudin blanc • Sel et poivre

- Épluchez et coupez le demi-oignon en fines rondelles.
- Faites chauffer 10 g de beurre et 1 c. à s. d'huile de tournesol dans une poêle, ajoutez l'oignon et faites-le griller. Réservez-le.
- Coupez la pomme en tout petits dés. Mettez-les dans un bol d'eau froide avec 1 trait de jus de citron (cela afin d'éviter l'oxydation).
- Épluchez et émincez la demi-échalote, la demi-gousse d'ail et le gingembre.
- Faites chauffer 1 c. à s. d'huile dans une poêle et faites-y colorer l'échalote, l'ail et le gingembre. Ajoutez le clou de girofle, le vinaigre de cidre, le sucre, mélangez bien puis ajoutez les dés de pomme (préalablement égouttés). Mélangez à nouveau, salez, poivrez et laissez cuire à feu moyen pendant environ 10 minutes, jusqu'à ce que le liquide s'évapore. Au bout de 8 minutes, retirez le clou de girofle. Réservez la brunoise sur du papier absorbant.
- Coupez le pain en deux.
- Mettez le beurre restant dans une poêle et faites-y dorer les moitiés de pain, côté mie. Réservez-les.
- Faites chauffer l'huile restante dans une poêle et faites-y cuire le boudin pendant environ 2 minutes de chaque côté.
- Déposez les oignons grillés et le boudin sur la base du pain puis recouvrez de brunoise. Recouvrez de l'autre moitié du pain.

LE BURGER VÉGÉTARIEN ET LES BURGERS AUX POISSONS

BURGER VÉGÉTARIEN

pour 1 burger → préparation 15 minutes → cuisson 45 minutes environ

50 g de riz complet • 40 g de lentilles du Puy • 1 yaourt à la grecque • Le jus de ½ citron
1 c. à c. de moutarde à l'ancienne • ½ oignon • 1 c. à s. d'huile d'arachide
1 rondelle de betterave cuite • 1 pincée de cumin • 1 pincée de piment d'Espelette
Quelques feuilles de persil plat hachées • 1 pincée de chili en poudre
1 filet de sauce de soja • 1 c. à s. de farine • 1 pain à hamburger • 5 g de beurre
Quelques feuilles de laitue • 2 rondelles de tomate • 3 ou 4 tranches d'avocat • Sel

- Faites cuire le riz en suivant les instructions indiquées sur le paquet.
- Faites cuire les lentilles en suivant les instructions indiquées sur le paquet mais sans ajouter aucun assaisonnement.
- Mettez le yaourt dans un bol et délayez-le avec le jus de citron, 1 pincée de sel et la moutarde à l'ancienne.
- Épluchez et émincez le demi-oignon. Faites chauffer 1 c. à c. d'huile d'arachide dans une poêle et faites-y suer l'oignon.
- Coupez la rondelle de betterave en petits dés et faites-les revenir avec l'oignon, ajoutez le cumin, le piment d'Espelette, mélangez bien et faites cuire à feu doux pendant 5 minutes.
- Écrasez les lentilles dans un bol et ajoutez le riz. Mélangez bien. Salez. Ajoutez les dés de betterave et l'oignon, mélangez bien. Ajoutez le persil plat, le chili et la sauce de soja. Mélangez. Préparez un steak avec ce mélange.
- Mettez la farine dans une assiette et enrobez le steak de farine.
- Faites chauffer 1 c. à c. d'huile d'arachide dans une poêle, mettez-y le steak et faites-le cuire pendant 2 minutes de chaque côté.
- Coupez le pain en deux.
- Mettez le beurre dans une poêle et faites-y dorer les moitiés de pain, côté mie.
- Nappez la base du pain de sauce au yaourt puis déposez-y la laitue, les rondelles de tomate, le steak et les tranches d'avocat. Recouvrez du chapeau.

SANDWICH AU HOMARD

pour 1 sandwich → préparation 15 minutes → cuisson 10 minutes → réfrigération 30 à 45 minutes

1 homard • 255 g de beurre • 1 petit pain long brioché • 2 c. à s. de mayonnaise Le jus de ¼ de citron jaune • 3 feuilles d'estragon finement hachées 1 goutte de Tabasco® • Sel

- Faites bouillir une casserole d'eau.
- Désensibilisez le homard et plongez-le dans la casserole ; à la reprise de bouillon, sortez-le et plongez-le dans un saladier d'eau froide.
- Faites fondre dans une petite casserole 250 g de beurre doucement .
- Décortiquez les pinces et la queue du homard puis coupez la chair en morceaux.
- Mettez-les dans le beurre fondu et pochez-les pendant 5 minutes environ en veillant à bien recouvrir les morceaux de beurre. La cuisson est juste lorsque la chair est blanche. Réservez au réfrigérateur de 30 à 45 minutes afin que le homard refroidisse bien.
- Coupez le pain en deux.
- Mettez le beurre restant dans une poêle et faites-y dorer les moitiés de pain, côté mie. Réservez-les.
- Mettez la mayonnaise, le jus de citron et l'estragon dans un bol, mélangez et ajoutez le Tabasco®, salez légèrement.
- Enrobez légèrement les morceaux de homard de sauce à l'estragon et placez-les sur la base du pain. Recouvrez de l'autre moitié du pain.

BURGER AU SAUMON

pour 1 burger → préparation 20 minutes → cuisson 5 minutes

1 dos de saumon (demandez à votre poissonnier d'enlever la peau) • 1 gousse d'ail
½ oignon rouge • 1 petit morceau de gingembre frais (environ 2 mm)
½ tranche de pain de mie sans croûte • ¼ de poivron rouge • 1 tige d'oignon blanc
¼ de blanc d'œuf • 1 filet de sauce de soja • Le jus de ½ citron vert
1 pain à hamburger • 5 g de beurre • 1 c. à s. de mayonnaise douce et fine sans moutarde
1 pointe de wasabi • 1 c. à s. d'huile de tournesol • 2 c. à s. de fécule de maïs
Quelques feuilles d'épinard • 2 rondelles de tomate noire de Crimée • Sel

pour la sauce teriyaki → 10 cl de sauce de soja • 10 cl de mirin • 2 c. à s. de sucre en poudre

- Coupez le dos de saumon en petits dés. Épluchez la gousse d'ail et le demi-oignon. Hachez l'ail et le gingembre, émincez l'oignon. Coupez le pain de mie et le quart de poivron rouge en petits dés. Coupez la tige d'oignon blanc en petites rondelles.
- Mettez le tout dans un saladier, ajoutez le blanc d'œuf, mélangez bien puis ajoutez la sauce de soja, 1 trait de jus de citron vert puis réservez au réfrigérateur.
- Pendant ce temps, préparez la sauce teriyaki. Mettez la sauce de soja, le mirin et le sucre dans une casserole. Mélangez puis faites chauffer tout en continuant à tourner et laissez cuire à feu doux jusqu'à l'obtention d'un sirop. Réservez.
- Coupez le pain en deux.
- Mettez le beurre dans une poêle et faites-y dorer les moitiés de pain, côté mie. Réservez-les.
- Mettez la mayonnaise, le jus de citron restant et le wasabi dans un bol, mélangez bien et nappez-en la base du pain.
- Faites chauffer l'huile de tournesol dans une poêle.
- Préparez un steak avec le saumon, salez-le, passez-le dans la fécule de maïs puis mettez-le dans la poêle et faites-le cuire pendant 2 minutes de chaque côté.
- Déposez les feuilles d'épinard, les rondelles de tomate et le steak de saumon sur la base du pain puis arrosez de sauce teriyaki. Recouvrez du chapeau.

LES ACCOMPAGNEMENTS

FRITES DE POMMES DE TERRE

pour 4 personnes → préparation 10 minutes → trempage 1 heure → cuisson 10 minutes

Huile de friture • 500 g de pommes de terre caesar ou BF15 • Sel

- Préchauffez l'huile de la friteuse à 150 °C.
- Lavez les pommes de terre (gardez la peau) et coupez-les en fines allumettes.
- Faites tremper les pommes de terre dans de l'eau pendant 1 heure.
- Égouttez-les puis plongez-les pendant 6 minutes dans la friteuse.
- Égouttez-les.
- Faites chauffer l'huile de friture à 180 °C.
- Plongez à nouveau les frites dans la friteuse de 3 à 4 minutes. Salez-les.

FRITES DE PATATE DOUCE

pour 2 personnes → préparation 5 minutes → cuisson de 4 à 5 minutes

Huile de friture • 1 patate douce • Sucre • Sel

- Préchauffez l'huile de friture à 150 °C.
- Épluchez la patate douce. Coupez-la en allumettes.
- Plongez les allumettes dans l'huile de la friteuse de 2 à 3 minutes.
- Égouttez-les.
- Faites chauffer l'huile de friture à 180 °C. Plongez-y les allumettes pendant 2 minutes.
- Saupoudrez les allumettes de sucre et salez.

COLESLAW

pour 4 personnes → préparation 5 minutes

½ oignon rouge • 1 petit bouquet de coriandre • 125 g de chou blanc râpé
125 g de carottes râpées • 2 c. à s. de mayonnaise douce et fine sans moutarde
1 c. à s. de vinaigre de riz • 1 c. à s. de sucre en poudre • Le jus de ½ citron
1 pincée de sel

- Épluchez le demi-oignon rouge, émincez-le. Hachez le petit bouquet de coriandre.
- Mettez le chou blanc, les carottes, l'oignon rouge et la coriandre dans un saladier. Mélangez bien.
- Mettez la mayonnaise, le vinaigre de riz, le sucre, le jus de citron et le sel dans un bol. Mélangez bien.
- Ajoutez la sauce aux légumes du saladier et mélangez bien.

FRITES AU CHILI

pour 4 personnes → préparation 10 minutes → cuisson 35 minutes environ → trempage 1 heure

1 oignon • 1 c. à s. d'huile de tournesol • ½ poivron rouge
300 g de viande hachée • 1 pincée de piment de Cayenne • 1 c. à c. de chili en poudre
1 c. à c. d'ail déshydraté • 20 cl de bouillon de bœuf • 1 pincée de paprika
1 c. à c. de cumin • 1 c. à s. de concentré de tomate • Huile de friture
500 g de pommes de terre caesar ou BF15 • 50 g de cheddar râpé • Sel

- Préparez le chili. Épluchez l'oignon, émincez-le. Faites chauffer l'huile dans une poêle et faites-y suer l'oignon.
- Lavez et coupez le demi-poivron rouge en petits dés. Ajoutez-les à l'oignon et faites cuire pendant 5 minutes. Ajoutez la viande hachée, laissez cuire pendant 2 minutes à feu fort, puis ajoutez le piment de Cayenne, le chili et l'ail puis faites cuire pendant encore 2 minutes. Ajoutez le bouillon, le paprika, le cumin et le concentré de tomate puis laissez cuire à feu doux jusqu'à évaporation du bouillon. Réservez.
- Préchauffez l'huile de friture à 150 °C.
- Lavez les pommes de terre (gardez la peau) et coupez-les en fines allumettes.
- Faites tremper les pommes de terre dans de l'eau pendant 1 heure.
- Égouttez-les puis plongez-les pendant 6 minutes dans la friteuse.
- Égouttez-les.
- Faites chauffer l'huile de friture à 180 °C.
- Plongez à nouveau les frites dans la friteuse de 3 à 4 minutes. Salez-les.
- Servez les frites avec 2 ou 3 c. à s. de chili et le cheddar râpé.

SALADE DE POMMES DE TERRE

pour 4 personnes → préparation 10 minutes → cuisson 35 minutes

**4 pommes de terre rouges • 2 œufs • ½ oignon • 3 c. à s. de ciboulette
1 branche de céleri • 2 tranches de poitrine fumée • 1 c. à s. de vinaigre de cidre
½ c. à s. de câpres • 1 c. à s. de mayonnaise fine et douce sans moutarde
1 c. à s. de crème fraîche • Sel**

- Lavez les pommes de terre et coupez-les en cubes.
- Faites bouillir une casserole d'eau salée et plongez-y les pommes de terre puis faites-les cuire pendant environ 25 minutes. Plongez un couteau dans une pomme de terre pour vérifier la cuisson. Égouttez-les. Réservez 20 cl d'eau de cuisson. Faites-les refroidir en les plongeant dans de l'eau froide puis égouttez-les à nouveau.
- Mettez les œufs dans une casserole d'eau, portez à ébullition et laissez bouillir pendant 10 minutes. Égouttez-les et rafraîchissez-les aussitôt pour les écaler facilement. Coupez-les en fines lamelles.
- Épluchez et émincez le demi-oignon. Lavez et coupez finement la ciboulette. Lavez la branche de céleri et coupez-la en petits cubes.
- Mettez les tranches de poitrine fumée dans une poêle et faites-les bien dorer pour qu'elles soient bien croustillantes. Réservez-les sur du papier absorbant.
- Mélangez le vinaigre, 1 c. à c. d'eau de cuisson des pommes de terre, l'oignon, les câpres, la ciboulette, la mayonnaise, la crème fraîche, le céleri et les tranches de poitrine fumée émiettées dans un saladier. Ajoutez les pommes de terre et mélangez à nouveau. Si vous trouvez que la salade n'est pas assez onctueuse, ajoutez de l'eau de cuisson.

BEIGNETS D'OIGNON

pour 4 personnes → préparation 2 minutes → cuisson 7 minutes environ

300 g de farine • 1 cannette de bière • Huile de friture • 4 oignons

- Remplissez un bol de farine, versez-la dans un saladier, remplissez le bol de bière et mettez-la dans le saladier. Fouettez rapidement afin d'obtenir une pâte homogène. Faites chauffer l'huile de friture à 175 °C.
- Épluchez les oignons, coupez-les en grosses rondelles et séparez les rondelles en anneaux.
- Plongez les rondelles d'oignons dans la pâte et faites-les cuire dans la friteuse pendant environ 7 minutes, en les retournant.

Bon appétit !
Good appetite
頂きます !

SALADE D'ÉPINARDS

pour 2 personnes → préparation 5 minutes → cuisson 25 minutes

2 œufs • ½ oignon rouge • 80 g de poitrine fumée • 1 c. à c. de moutarde de Dijon
1 pincée de sucre en poudre • 1 c. à c. de vinaigre de vin • 1 filet de sirop d'érable
1 sachet de salade d'épinards

- Faites cuire les œufs pendant 10 minutes dans de l'eau bouillante pour qu'ils soient durs. Passez-les sous l'eau froide, écalez-les et émiettez-les.
- Épluchez et coupez en fines rondelles le demi-oignon rouge.
- Coupez la poitrine fumée en lardons très fins. Faites-les revenir à sec dans une poêle jusqu'à qu'ils soient bien croustillants. Réservez-les sur du papier absorbant. Gardez le jus de cuisson.
- Mettez la moutarde de Dijon, le sucre et le vinaigre de vin dans la poêle où se trouve le jus de cuisson, mélangez énergiquement et remettez sur feu doux tout en remuant pendant 1 minute. Ajoutez le sirop d'érable et continuez à remuer énergiquement.
- Mettez les épinards, les œufs et l'oignon rouge dans un grand saladier, mélangez et arrosez de sauce.

GRATIN DE COQUILLETTES

pour 4 personnes → préparation 10 minutes → cuisson 35 minutes environ

200 g de coquillettes • 100 g de cheddar • 100 g de comté • 100 g de gruyère
4 tranches de poitrine fumée (environ 80 g) • ½ c. à s. de farine
3 c. à s. de crème fraîche épaisse • 3 c. à s. de lait • ½ c. à c. de noix muscade râpée
20 g de beurre • 4 c. à s. de chapelure • Sel

- Faites cuire les pâtes al dente dans une casserole d'eau bouillante salée. Égouttez-les et passez-les sous l'eau froide afin d'arrêter la cuisson.
- Râpez grossièrement les fromages, mettez-les dans un bol et mélangez-les.
- Coupez la poitrine fumée en lardons très fins. Mettez-les dans une casserole et faites-les cuire, à sec, jusqu'à ce qu'ils soient bien croustillants. Réservez-les sur du papier absorbant et gardez le jus de cuisson de la casserole.
- Préparez un roux dans cette casserole en ajoutant la farine et mélangez énergiquement. Remettez la casserole sur feu doux, laissez cuire pendant environ 10 minutes, ajoutez la crème fraîche et le lait puis fouettez, ajoutez les lardons tout en continuant à tourner et laissez sur le feu jusqu'à ce que le mélange épaississe légèrement. Incorporez ensuite petit à petit les fromages râpés, tout en mélangeant, ajoutez la noix muscade et 10 g de beurre. Continuez à remuer jusqu'à ce que les fromages soient bien fondus et forment un mélange assez épais. Ajoutez enfin les coquillettes et mélangez bien.
- Préchauffez le four à 180 °C (th. 6).
- Faites chauffer le restant de beurre dans une poêle et faites-y dorer la chapelure.
- Mettez les coquillettes dans un plat à gratin, saupoudrez de chapelure et faites cuire au four pendant 20 minutes.

LES DESSERTS

CUPCAKES DOUBLE CHOCOLAT

pour 24 cupcakes → préparation 25 minutes → cuisson 15 minutes environ → repos 12 heures

85 g de chocolat noir • 37,5 cl de café chaud • 500 g de farine
165 g de cacao en poudre non sucré • 675 g de sucre en poudre
2 c. à c. de bicarbonate de soude • ¾ de c. à c. de levure chimique • 3 gros œufs
19 cl d'huile de tournesol • 37,5 cl de lait ribot • ¾ de c. à c. d'extrait de vanille
1 c. à c. de sel

pour la ganache → 125 g de chocolat noir • 40 g de sucre en poudre
40 g de cacao en poudre • 50 cl de crème liquide

- Préparez la ganache. Coupez le chocolat en petits morceaux dans un bol. Ajoutez le sucre et le cacao préalablement tamisé. Faites bouillir la crème liquide. Versez-la immédiatement sur le chocolat. Mélangez bien à l'aide d'un fouet jusqu'à ce que la préparation soit homogène. Laissez refroidir et laissez au réfrigérateur pendant 12 heures.
- Coupez le chocolat en petits morceaux dans un bol. Versez le café chaud dessus, mélangez bien jusqu'à ce que le chocolat soit fondu.
- Tamisez la farine, le cacao, le sucre, le bicarbonate, la levure et le sel dans un saladier. Mélangez bien.
- Battez les œufs dans un autre grand bol jusqu'à ce qu'ils épaississent. Ajoutez doucement et progressivement l'huile, le lait ribot, la vanille et le mélange de chocolat fondu. Ajoutez le mélange farine-cacao et mélangez juste assez pour faire disparaître la farine.
- Versez cette pâte dans des moules à cupcake et faites cuire au four à 150 °C (th. 5) pendant environ 15 min. Vérifiez la cuisson en insérant une lame de couteau dans la pâte, si elle ressort sèche, c'est qu'elle est cuite.
- Sortez la ganache du réfrigérateur puis battez-la à l'aide d'un batteur électrique. Recouvrez les cupcakes avec la ganache à l'aide d'une poche à douille.

CHEESECAKE AU CHOCOLAT BLANC

pour 10 à 12 personnes → préparation 30 minutes → cuisson environ 35 minute → repos 6 heures

pour la pâte → 80 g de beurre fondu • 300 g de spéculoos en miettes

pour l'appareil → 170 g de chocolat blanc • 900 g de Philadelphia®
270 g de sucre en poudre • 4 gros œufs • 2 c. à s. de crème liquide
2 c. à c. d'extrait naturel de vanille

- Préparez la pâte. Mélangez le beurre fondu et les spéculoos. Étalez le mélange dans un moule avec un fond amovible (de 26 cm de diamètre ou moins). Précuisez la pâte au four à 175 °C (th. 5) pendant 10 minutes.
- Faites fondre le chocolat blanc au bain-marie.
- Mettez le Philadelphia® et le sucre dans un grand bol puis battez au batteur électrique jusqu'à l'obtention d'une masse bien crémeuse. Ajoutez les œufs un à un tout en continuant à battre puis ajoutez la crème liquide et la vanille. Mélangez avec le chocolat blanc fondu.
- Versez le tout sur la pâte refroidie. Lissez la surface et faites cuire au four à 150 °C (th. 5) de 15 à 20 minutes.
- Sortez le cheesecake du four. Passez la lame d'un petit couteau autour du bord du gâteau pour le décoller du moule.
- Laissez refroidir. Démoulez. Laissez au réfrigérateur pendant au moins 6 heures avant de servir.

TARTE AUX NOIX DE PÉCAN

pour 8 à 10 personnes → préparation 30 minutes → repos 1 h 30
→ cuisson 50 minutes environ

pour la pâte → 110 g de beurre froid • 110 g de farine • 1 pincée de levure chimique
100 g de Philadelphia® • 1 ½ c. à c. de vinaigre de cidre • 1 pincée de sel

pour l'appareil → 3 gros œufs • 55 g de beurre fondu • 1 c. à s. de farine
½ c. à c. d'extrait naturel de vanille • 6 cl de sirop d'érable • 150 g de cassonade
18 cl de sirop de maïs ou de glucose • 2 c. à s. de bourbon
120 g de noix de pécan concassées • 1 pincée de sel

- Préparez la pâte. Mettez le beurre froid, la farine, le sel et la levure dans un robot ménager puis mélangez jusqu'à ce que le mélange devienne sablé. Ajoutez le Philadelphia® froid, 1 c. à s. d'eau froide et le vinaigre puis mélangez jusqu'à ce que le fromage ne se voit plus en faisant attention à ne pas trop mélanger pour éviter que la pâte ne devienne trop élastique. Enveloppez la pâte dans du film alimentaire et laissez-la reposer au réfrigérateur pendant 1 heure.
- Étalez la pâte au rouleau à pâtisserie, foncez-la dans un moule à tarte et laissez-la reposer pendant 30 minutes au frais.
- Couvrez la pâte avec une feuille de papier sulfurisé. Versez dessus des lentilles ou du riz pour empêcher le fond de monter et faites cuire au four à 150 °C (th. 5-6) jusqu'à ce que les côtés commencent à dorer. Sortez la pâte du four, ôtez le papier sulfurisé avec les lentilles ou le riz et remettez la pâte au four jusqu'à ce que le fond de la pâte soit légèrement doré. Laissez refroidir.
- Mélangez tous les ingrédients de l'appareil, sauf les noix de pécan, jusqu'à l'obtention d'une masse homogène. Mettez les noix de pécan sur la pâte précuite. Versez l'appareil dessus.
- Faites cuire au four à 175 °C (th. 5-6) de 30 à 40 minutes jusqu'à ce que l'appareil ne bouge plus au milieu. Laissez refroidir. Démoulez.

CAKE AUX CAROTTES

pour 12 à 16 personnes → préparation 45 minutes → cuisson 35 à 40 minutes

**500 g de carottes • 200 g de farine + pour le moule • 1 c. à c. de cannelle moulue
1 c. à c. de gingembre en poudre • ½ c. à c. de noix muscade râpée
1 ½ c. à c. de bicarbonate de soude • 1 ½ c. à c. de levure chimique • 4 gros œufs
300 g de sucre en poudre • 12,5 cl d'huile de tournesol
200 g de compote de pommes non sucrée • 75 g de raisins secs • 75 g de noix concassées
Beurre pour le moule • 1 c. à c. de sel**

**pour la crème → 100 g de beurre à température ambiante • 50 g de sucre glace
6 cl de sirop d'érable • 1 c. à c. d'extrait naturel de vanille • 600 g de Philadelphia®**

- Épluchez les carottes et râpez-les.
- Tamisez la farine, le sel, les épices, le bicarbonate et la levure dans un bol.
- Battez les œufs avec le sucre jusqu'à ce que le mélange épaississe. Ajoutez progressivement l'huile tout en continuant à battre. Ajoutez la compote de pommes et mélangez doucement à l'aide d'une cuillère en bois. Incorporez délicatement les ingrédients secs tamisés sans trop mélanger. Ajoutez les carottes, les raisins secs et les noix.
- Versez l'appareil dans deux moules de 26 cm de diamètre beurrés et farinés. Faites cuire au four à 150 °C (th. 5) de 35 à 40 minutes. Vérifiez la cuisson en piquant la lame d'un couteau dans la pâte, elle doit ressortir sèche. Laissez refroidir puis démoulez.
- Préparez la crème. Battez le beurre avec le sucre glace, le sirop d'érable et la vanille dans un saladier jusqu'à ce que le mélange épaississe. Ajoutez le Philadelphia® et continuez à battre jusqu'à l'obtention d'un appareil crémeux.
- Mettez le premier gâteau sur un grande assiette plate. Recouvrez l'ensemble de crème. Mettez le second gâteau par-dessus. Recouvrez de crème. Décorez avec des noix ou des carottes dessinées en crème.

INDEX

E

F

G

H

K

L

REMERCIEMENTS

Merci à ma mère, Diane Kwan, pour tous ses conseils au fil des années.

À toute l'équipe du *Camion qui fume,* surtout Zack Goodman, Thibault Fourcade et Max Missainhoun pour avoir contribué au démarrage et au succès du *Camion qui fume,* ainsi qu'à Pablo Jacob pour sa passion et son dévouement.

À Shelby Alberts pour son aide pendant ses études à Paris. Nous nous rapprochons un peu plus du « Caper Frederick et Shelby Farfalle Show ».

À la communauté du camion incluant les amis et likers Facebook, les Twittos, et à tous ceux qui bravent les heures d'attente.

À Rachel et à son équipe de *Rachel's Cakes* pour tout le travail qu'elle fait quotidiennement et pour sa contribution à ce livre.

Aux gars de *La Fermette* pour leurs sourires et leur bonne humeur permanente.

À David Bonnier et à toute l'équipe du Studio B pour les belles photos, et à l'équipe de Tana pour sa compréhension et sa patience.

À madame Lyne Cohen-Solal pour son soutien.

Au groupe Dadoun pour nous avoir laissé notre chance. Et à tous les autres vendeurs sur les marchés pour être à nos côtés.

Et, surtout, à Frédéric Fédière. Son amour et son inspiration sont les ingrédients les plus importants dans la recette de ma vie.